Sanaya Roman
Sich dem Leben öffnen

An Euch alle
die Ihr das Licht
in Euch erwachen
fühlt

Sanaya Roman
(für Orin)

Sich dem Leben öffnen

Schritte zu persönlichem Wachstum und geistiger Kraft

Dritte Auflage

Ansata-Verlag
Paul A. Zemp
Rosenstraße 24
CH-3800 Interlaken
Schweiz
1989

Aus dem Amerikanischen von Waltraud Ferrari

Titel der Originalausgabe:
LIVING WITH JOY
Keys to Personal Power and Spiritual Transformation
Erschienen bei H J Kramer, Inc., Tiburon
© 1986 by Sanaya Roman

Deutsche Ausgabe:
© 1987 by Ansata-Verlag, Interlaken
Alle Rechte vorbehalten
Umschlagbild: Robert Wicki
Satz: Jung SatzCentrum, Lahnau
Druck: Kösel, Kempten
ISBN 3-7157-0098-X

Inhalt

42 x"!

10

Dankeswort

Ich danke LaUna Huffines (Autorin von *Connecting With All The People,* Harper & Row) für ihre Liebe und Unterstützung sowie für den Ansporn, den sie mir persönlich und durch ihre Bücher in allen Lebensbereichen gegeben hat. Sie war mir eine gute Lehrerin, Freundin und Quelle der Inspiration. Ihr verdanke ich die Anregung für die Übungsbögen und die Einleitung. Ihre Weisheit, ihr Licht und ihre Fröhlichkeit waren mir eine große Hilfe.

Weiter danke ich Duane Packer, PhD, für seine Heilkraft und Liebe. Er hat mich darin bestärkt, mein gesamtes Potential auszuschöpfen und ist mir als weiser Ratgeber zur Seite gestanden. Ich danke ihm für seine unermüdliche Hilfe und Unterstützung bei der Entstehung dieses Buches. Mein Dank gebührt auch Ed und Amerinda Alpern, die Orin ihr Herz und ihr Haus so großzügig geöffnet haben.

Ich danke Rob dafür, daß er an mich geglaubt und mich immer wieder angespornt hat. Ich möchte auch meiner Schwester Debra Ross danken, die auf mich vertraut hat und mit ihren medial empfangenen künstlerischen Ideen einen großartigen Beitrag zu meiner Arbeit geleistet hat. Ferner danke ich meinen vier Nichten und Neffen, John, Elise, Mary und Tabatha Ross, die mir mit ihrer überschäumenden Freude und Lebhaftigkeit geholfen haben, mein Herz stets offen zu halten. Auch meinen Eltern, Shirley und Court Smith, danke ich dafür, daß sie mich ermutigt haben, meine Lebensaufgabe zu erfüllen.

Meinen Dank auch an meine Lektorin Elaine Ratner. Die Zusammenarbeit mit ihr war äußerst erfolgreich und hat mir viel Freude bereitet. Weiterhin danke ich Lois Landau, die das Manuskript mit so viel Sorgfalt getippt hat, und Denise Nowacki und Pat LaForce für ihre unermüdliche Geduld beim Abschreiben der Tonbandaufnahmen mit Orins Botschaften.

Ich möchte Hal Kramer, durch den dieses Buch Wirklichkeit werden konnte, für seine Hilfe, seinen Enthusiasmus und sein Vertrauen danken.

Ich möchte mich bei all jenen Mitgliedern unserer Gemeinschaft bedanken, die bei der Durchgabe von Orins Botschaften meist anwesend waren und mir halfen, die Vision von Orins Wirken zu bewahren: Rob Friedman und Stacey Mattraw, Nancy McJunkin, Richard Ryal, Wendy Grace, Scott Catamas, der seinen Reiseplan nach unseren Zusammenkünften richtete und Orins Wirken im ganzen Land bekanntgemacht hat, Karen LaPuma für ihre wunderbare Freundschaft und astrologische Beratung, der Ärztin Linda Johnston, die dieses Buch und Orins Mediationskassetten ihren Patienten empfohlen hat, Jeff Abbott für seine Freundschaft und dafür, daß er mir beigebracht hat, wie man mit einem Computer umgeht. Dank gebührt auch Che-

14

ryl Williams, Lisa Shara, Lisa Perry, Sara McJunkin, Jim Mannix, Phyllis Rooney, Adella Pickering Austin, Paulette St. Martin, Mary Beth Braun, Felicia Morris, Sandy Chapin, Sallie Deutscher, Laura Gilpin, Sandy Hobson, Leah Warren, Colleen Hicks, Rachel Josepher, Lisa Benson, Kathy Albrecht, Linda Nielsen, Mary Pat Mahan, Honey Mannix, Cynthia Michalis, Margo Naslednikov, Craig Comstock, Trudie London, Sharon Mortensen, Rosemary Crane, Lynn Conwell, Loretta Ferrier und Jessica Beckman.

Auch den Leuten in Dallas möchte ich danken, die das Wirken Orins so großzügig unterstützt haben: Jean St. Martin, die Orins Wissen in Kursen weitergegeben hat, Laurie Schmidt, Alan Armstrong, George und Sandra Pabich, Mark und Patty Dietz, Joan Wall, Philip Huffines, Donald Huffines, Mary Jo Thornton, Deborah DeBerry, M. E. Grundman, Elizabeth Prince und Elaine Vopni.

Ich danke Evelyn Taylor, Cindy Flaherty und Sebsebie Alemayehu, Shirley Runco und Diana Paert, die mich am Anfang dieser Arbeit immer ermutigt und zum Durchhalten angespornt haben. Vor allem Evelyn danke ich für ihren Enthusiasmus, da sie fast immer bei mir war und mir geholfen hat, Orins Botschaften aufzunehmen und niederzuschreiben.

Einleitung

Viele große Künstler, Schriftsteller, Geschäftsleute, Sportler und Musiker berichten, daß sie ihre bedeutsamsten Werke, Erfindungen und Inspirationen aus einer Quelle «erhalten» haben, die sich jenseits ihrer alltäglichen Realität befindet. Auch Wissenschaftler gewinnen ihre Einsichten oft nicht am Schreibtisch, indem sie Gleichungen lösen, sondern erleben den Durchbruch während eines Zustands der Entspannung − vielleicht unter der Dusche, bei einem Strandspaziergang oder bei Tagträumereien o. ä.

Ich «empfing» dieses Buch *Sich dem Leben öffnen,* während ich mich in einem Zustand des Friedens und erweiterter Bewußtheit befand, aus einer Quelle der Weisheit, die ich Orin nenne. Mehrere Monate hindurch wurde mir dieses Wissen in einer Reihe von Mediationssitzungen gegeben. Der Friede, den ich dabei empfand, glich dem, was wir in den Momenten, in denen die Verbindung zu unserem Höheren Selbst spürbar ist, alle erleben − z. B. wenn wir einen wunderbaren Sonnenuntergang sehen, ein Gebet sprechen oder ein kleines Kind in den Armen halten. Jeder von uns kennt Augenblicke im Leben, vor allem in Krisenzeiten, wo plötzlich eine Antwort oder Lösung vor uns auftaucht, die uns vorher nicht bewußt war. Wir haben alle schon Situationen erlebt, in denen wir über unser gewöhnliches Wissen, unsere Stärke oder unseren Mut hinausgewachsen sind. Manche Menschen schreiben diese Augenblicke erweiterter Bewußtheit ihrem Höheren Selbst zu, andere sehen darin spirituelle Führung. Manche nennen diesen Moment der Inspiration «mediale Botschaft», andere bezeichnen es als die «Gabe der Prophezeiung», und wieder andere sehen darin die Verbindung mit dem universellen Bewußtsein.

Ich nenne die Quelle meiner spirituellen Führung Orin. Für mich ist er ein liebevoller, weiser und sanfter Lehrmeister, stets zuversichtlich und mitfühlend.

Orin und ich bitten Sie, dieses Buch um seiner Weisheit willen zu lesen, und nicht wegen der Quelle, aus der es stammt. Finden Sie in ihm das, was auch Ihre innere Wahrheit anklingen läßt. Meine Aufgabe bestand darin, so durchlässig wie nur möglich zu sein, um diese Weisheit durch mich hindurchfließen zu lassen, ohne ihr eine persönliche Färbung zu verleihen oder ihr den Stempel meines eigenen Gedankengutes aufzuprägen.

Dieses Buch kann Ihnen helfen, Ihr Herz zu befreien und sich jenes große Potential zu erschließen, das Ihnen von Geburt an mitgegeben ist. Es ist ein Buch für all jene, die neue Ideen zu schätzen wissen und ein neues Licht in ihrem Leben aufgehen lassen wollen. Diejenigen unter Ihnen, die mehr über Orin und meine erste Begegnung mit ihm wissen wollen, sollten die Kapitel «Erste Begegnung mit Orin» und «Grüße von Orin» lesen. Wenn Sie sich gleich in den eigentlichen Text vertiefen wollen, lesen Sie als erstes «Sie können ein Leben der Freude führen». Mit diesem Buch lade ich Sie ein, Ihren Geist und Ihr Herz zu erheben, wie ich Freude am

Leben zu finden und vom Kämpfen abzulassen. Öffnen Sie Ihren Geist für die unbegrenzten Möglichkeiten Ihrer eigenen Kraft und für Ihre spirituelle Transformation.

Sanaya Roman

I
Erste Begegnung mit Orin

Ich bin oft gefragt worden, ob ich meine medialen Fähigkeiten schon immer kannte. Da erst ist mir klar geworden, daß ich bereits als Teenager und auch später wiederholt mediale Erfahrungen gemacht hatte. Anfangs wußte ich nicht, wie ich meine intuitiven Erkenntnisse oder die Zustände erweiterten Bewußtseins, die ich erlebte, nützen bzw. lenken konnte. Manche Erlebnisse machten mir sogar Angst, z. B. als ich einmal die hundertzwanzig Meilen von Portland nach Eugene in einem besonderen Bewußtseinszustand zurücklegte. Ich war damals achtzehn und befand mich auf dem Weg nach Oregon, um dort mein Studium am College zu beginnen. Während der ganzen Fahrt spürte ich die Gedanken der Menschen in den vorüberfahrenden Autos. Noch erstaunlicher schien mir, daß der Benzintank (der ja beinahe leer sein sollte) immer noch ganz voll war, als ich in Eugene ankam.

Meine erste Begegnung mit anderen Wirklichkeiten ereignete sich während meiner Studienzeit in Oregon, als ich Science-fiction-Literatur geradezu verschlang. Ich erinnere mich noch, daß ich jedes nur erdenkliche Buch las, das

Raum-Zeit-Phänomene und andere Realitäten beschrieb. Dabei interessierte mich vor allem die Erkundung von höher entwickelten Formen gesellschaftlichen Zusammenlebens, wie z. B. in *2150* von Thea Alexander. Ich stellte mir manchmal vor, ich hätte eine spezielle Maschine, eine Raum-Zeit-Maschine, mit der ich andere Planeten und Lebensformen besuchen und in der Zeit vor- oder zurückreisen könnte, um wahrscheinliche Realitäten zu entdecken, in denen sich die Menschheit andere Möglichkeiten erschlossen hatte. Aber am brennendsten interessierte mich die Erforschung der inneren Welt der Psyche. Ich wollte meine Abenteuer nicht in anderen Ländern erleben, sondern andere Realitäten bereisen. Die schönste Entdeckung, die ich als Sprachrohr für Orin machte, bestand in der Erkenntnis, daß ich genau die Maschine besitze, die ich mir immer vorgestellt hatte – es ist mein eigener Geist in Verbindung mit einer höheren Quelle des Lichts (Orin), der diese verschiedenartigen Reisen ermöglicht.

Ich erinnere mich noch sehr lebhaft an meine erste Erfahrung als Medium. Damals war ich siebzehn. Ich hatte mehrere Stunden lang Klavier gespielt, empfand tiefen inneren Frieden und legte mich ans Terrassenfenster, um die Sterne zu beobachten. Plötzlich schien jemand in meinem Kopf zu sprechen. Eine «Stimme» begann mir die Erde zu zeigen und erklärte mir, daß sie in Zukunft zahlreiche Wandlungen und Veränderungen erfahren werde, daß es aber nichts gebe, wovor man sich zu fürchten hätte. Obwohl ich damals in Oregon lebte, meinte die Stimme, ich würde in einem Jahr mit meiner Familie nach Kalifornien ziehen. Ich würde dort bleiben, während meine Familie wieder zurück nach Oregon gehen würde. Wir waren in meiner Kindheit schon oft umgezogen und hatten in Kansas, Michigan, Kalifornien, Missouri und Oregon gelebt. Also gefiel mir dieser Gedanke gar nicht, denn ich wollte nicht wegziehen. Obwohl diese

Stimme sehr lange hörbar war, zeichnete ich die Botschaft nicht auf. Sechs Monate später eröffnete mein Vater ein Geschäft in San Francisco und die Familie übersiedelte dorthin. Ich besuchte in Oregon gerade das College und war mir sicher, daß ich nicht nach Kalifornien wollte. Ein Jahr später erhielt ich von meiner Universität Bescheid, daß ich Studiengebühren bezahlen müsse, da ich vor meinem Studium nicht im Staate Oregon seßhaft gewesen war. Also wechselte ich zur University of California in Berkeley über und zog in die Gegend von San Francisco Bay. Acht Jahre später kehrten meine Eltern wieder nach Portland zurück.

Mit etwa sechsundzwanzig Jahren lernte ich Evelyn Taylor kennen, die meine enge Freundin wurde. Sie kam eines Tages mit einem Ouija-Brett zu mir und meinte, sie wisse, wie man damit einen geistigen Führer empfangen könne. (Meine Großtante in Kansas besaß ein Ouija-Brett, das sie öfter mit mir benutzte. Ich war damals ca. acht oder neun Jahre alt und empfing häufig Botschaften. Ich erinnere mich noch, daß ich das Gefühl hatte zu «schwindeln», weil die Nachricht in meinem Geist fühlbar wurde, bevor ich sie durch die Hände ausdrücken konnte. Cindy Flaherty, eine andere Freundin, las gerade das erste «Seth»-Buch, *Gespräche mit Seth,* und wir führten stundenlang angeregte Diskussionen über dieses Thema.

Wir erhielten auch sogleich Botschaften. Ich verbrachte viele Abende mit Cindy und Eve am Ouija-Brett. Oft gesellten sich uns Freunde zu. Meist trafen wir uns dreimal die Woche oder sogar öfter. Es war von Anfang an klar, daß die Botschaften durch mich übertragen wurden. Cindy und Eve wechselten einander ab. Während die eine mit mir arbeitete, schrieb die andere alle Botschaften wortgetreu auf. Im ersten Jahr entstanden auf diese Weise über zweihundert Seiten an Aufzeichnungen.

Wir baten darum, daß der höchstmögliche Führer und

Lehrer mit uns in Kontakt treten möge, und kurz darauf, am 9. Oktober 1977, trat Orin auf den Plan. «Wer ist da?» fragten wir, als wir deutlich spürten, daß eine andere Wesenheit präsent war.

ORIN

«Wie ist dein Status?»

Ich bin die Meisterung des Lebens, die über allem anderen steht. Du hast genügend Fortschritte gemacht, um mich jetzt empfangen zu können. Du wirst klare Botschaften erhalten. Es ist Zeit für dich, an dir selbst zu arbeiten und weiterzulernen. Ich werde dir Anweisungen geben. Die Grundlage ist tägliches Meditieren, nach dem Aufstehen und vor dem Zubettgehen.

Einige Monate später verspürte ich das starke innere Bedürfnis, die Botschaften, die ich durch das Ouija-Brett erhielt, auszudrücken. Ich wußte jedoch nicht, wie ich anfangen sollte. Ich fühlte ganze Gedankenwelten hinter jedem sorgfältig buchstabierten Wort, aber ich war mir nicht sicher genug, um sie auszusprechen und hatte Angst zu versagen.

Die Ereignisse veranlaßten mich sehr bald dazu, doch weiterzugehen. Ich fuhr mit meinem VW-Käfer nach Hause, als plötzlich ein Auto vor mir einbog und ich auf die Bremse treten mußte. Die Bremsen blockierten, der Wagen geriet außer Kontrolle und schleuderte auf der vierspurigen Autobahn. Ich steuerte geradewegs auf die Leitplanke zu, was einen Sturz aus relativ großer Höhe bedeutet hätte. In diesem Moment geschah etwas, was sich kaum beschreiben läßt. Es schien, als dehnte ich mich durch Raum und Zeit aus und könnte meine Zukunft erkennen und mich darin leben

24

sehen. In diesem Augenblick spürte ich jeden einzelnen Autofahrer auf der Straße in meinem Bewußtsein. Es war wie eine kohäsive Einheit, in der mir jeder auf einer real energetischen Ebene Hilfe leistete. Dann überschlug sich mein Wagen, ich erhaschte einen Blick auf mich selbst und sah mich in anderen Dimensionen existieren – wie ein Tor, das sich zu anderen Realitäten auftut. Das Auto landete schließlich wieder auf den Rädern. Abgesehen von einem großen Bluterguß war ich unversehrt. Als ich mich umblickte, sah ich, daß die anderen Autos angehalten hatten. Das entsprach der Vision von der helfenden Einheit, die ich verspürt hatte. Den ganzen Tag über fühlte ich mich eigenartig, und als wir uns abends zu unserer Ouija-Brett-Sitzung trafen, wußte ich, daß ich die medialen Botschaften nun aussprechen würde.

Alle saßen erwartungsvoll da, als ich begann. Wir legten das Brett weg und ich saß mit geschlossenen Augen auf einem Stuhl. Zuerst klang die Botschaft, die ich empfing, wie ein zu rasch abgespieltes Tonband – die Ideen schossen schneller durch meinen Kopf, als ich sprechen konnte. Ich bat nun, die Worte möchten etwas langsamer kommen, doch dann flossen sie so langsam, daß ich abzuschweifen begann und den Zusammenhang verlor. Es gelang mir jedoch, zusammenhängende, sinnvolle Botschaften durchzugeben, und der Abend war aufregend und erfolgreich. Ich sprach mit meiner eigenen Stimme, denn ich wollte auf meine Freunde nicht seltsam oder fremdartig wirken. Ich unterdrückte die Gesten und die Stimme, die ich als Teil jener Wesenheit – Dan – erkannte, die durch mich sprach. Orin erklärte mir später, daß Dan ihn vertreten würde, bis ich selbst imstande wäre, Orins mächtige Schwingungen und Gedankenimpulse zu verarbeiten.

Diese medialen Durchgaben erforderten eine ungeheure Konzentration. Es fühlte sich an, als würde man via Fernsehen Bilder empfangen, die man jedoch nur so lange sehen konnte, als man sie klar und ohne Schwankungen zu halten vermochte. Nach einiger Zeit konnte ich neben Dans Gedanken auch meine eigenen spüren. Ich stellte ihm geistig Fragen, während er für jemand anderen etwas erklärte, und ich konnte sogar seine Antwort empfinden, obwohl ich gerade eine seiner Botschaften an jemand anderen durchgab.

In den nächsten drei Jahren hielten wir unzählige Sitzungen ab. Rückblickend erkenne ich, daß es eine Zeit war, in der ich übte, übte und nochmals übte. Alle Botschaften hatten etwas Liebevolles an sich und kamen von Dan. Orin konnte nur mittels Ouija-Brett zu mir durchdringen, was sich zeigte, als ich ihn einmal zu empfangen versuchte und beinahe ohnmächtig wurde. Zuerst fühlte es sich an, als würde ich mich von oben bis unten ausdehnen, mich in einen Schwamm verwandeln, der größer als das ganze Zimmer war, aber immer noch ein eingegrenztes Energiefeld umfaßte. Unter dieser gewaltigen Kraft und Liebe schien meine Brust zu bersten. Meine Licht- und Farbwahrnehmung veränderte sich. Ich war von diesen Gefühlen so überwältigt, daß ich aufhörte, Orin mit meiner Stimme sprechen zu lassen. Damals erhielten wir mittels Ouija-Brett folgende Botschaft von ihm:

All denen, die sich an mich wenden, spende ich Licht und Liebe. Ich achte sie und vermittle ihnen Wissen. Ich bin gänzlich von Energie erfüllt, und ich bin es auch, der über Dan wacht und ihn führt. Er empfängt von mir auf ähnliche Weise wie ihr von ihm. Meine Energien sind mächtig, sie schwingen mit einer anderen Frequenz, und mein Wesen ist von Kraft erfüllt. Ich sende euch meine Energien durch Dan. Er moduliert sie auf eine Ebene, auf der sie euch begreiflich werden.

Euer Körper gleicht einer elektrischen Leitung, die nur zwanzig Volt bewältigen kann, während ich eher einer Leitung von fünfzig Volt ähnle.

Im Sommer 1981 verspürte ich plötzlich den deutlichen Wunsch, einen sehr guten Kassettenrekorder zu kaufen. Nachdem ich ihn besorgt hatte, fuhr ich rasch nach Hause, um ihn auszuprobieren. Ich weiß noch, wie ich auf einem Stuhl saß, eine leere Kassette einsetzte und das Mikrophon bereithielt. Als nächstes erinnere ich mich nur, aus einer sehr intensiven, beinahe traumähnlichen Trance erwacht zu sein, und ich stellte fest, daß das Band besprochen war. Aufgeregt spulte ich es zurück und begriff, daß Orin erstmals durch meine Stimme gesprochen hatte. Es war eine geführte Meditation, die meinen Körper entspannte und sich direkt an mein Unterbewußtsein richtete, um meinen Kanal zu Orin zu öffnen. Ich hörte sie mir jeden Tag an. Orin schlug vor, ich möge meine medialen Fähigkeiten langsamer trainieren, bis ich den richtigen Rhythmus gefunden hätte. Er gab mir Anweisungen für richtiges Atmen und meinte, ich solle Aerobic betreiben und öfter in die Natur hinausgehen. Ich könnte seine Botschaften auch ohne die vorgeschlagenen körperlichen Veränderungen durchgeben, aber er wolle sichergehen, daß mein Körper durch seine höhere Schwingung und Frequenz nicht frühzeitig erschöpft werde.

Während ich Orins Botschaften aufzeichnete, lernte ich ihn nach und nach kennen. Ich konnte seine Energie etwa zwanzig bis dreißig Minuten, also für die Dauer einer Meditationssitzung, halten. Ich bat Orin um Informationen zu den verschiedensten Themen, die mir einfielen. Wenn ich Kraft benötigte, Klarheit gewinnen wollte, ein bestimmtes Ziel erreichen oder Schmerz und Angst loslassen wollte und mich nach innerem Frieden sehnte, bat ich ihn um eine Botschaft, die ich auf Kassette aufnahm. Orin erklärte mir, daß

27

eine der schnellsten und effektivsten Umwandlungsmethoden darin besteht, direkt mit dem Unterbewußtsein zu arbeiten. Man pflanzt neue Ideen hinein und läßt die alten los. Die Tonbänder säten sozusagen neues, höheres Gedankengut in mein Unterbewußtsein, das automatisch die gewünschten Veränderungen herbeiführen würde. Ich nahm die zahlreichen Botschaften auf Kassette auf und meine Freunde baten mich um Kopien, da sie auch solche positiven Veränderungen erleben wollten, wie sie mit mir vor sich gingen.

Sobald ich Orins Botschaften verbalisieren konnte, trat Dan immer mehr in den Hintergrund, bis er sich eines Tages von uns allen verabschiedete. Er meinte, in dem Maße, wie ich mich auf Orin einstellte, wäre es für ihn schwieriger durchzudringen, und er habe seine Aufgabe erfüllt. Von da an war Orin mein Führer, der mir ausführliche Botschaften übermittelte, auch andere belehrte und mich in meiner spirituellen Entwicklung unterstützte.

Ich erlebte Orin als weises, liebevolles Wesen. Gelegentlich sprach er direkt zu mir, entweder durch meine Stimme oder durch meinen Geist, und half mir in vielen Dingen. Er betrachtete die Welt auf eine ganz andere Weise als ich. Er übte keinerlei Druck auf mich aus, ich mußte die Welt nicht so sehen wie er. Aber alles war leichter und ich fühlte mich viel wohler, wenn ich seine weise, liebevolle und mitfühlende Sichtweise einnahm. Ich begann mir zu überlegen, wie Orin wohl manche Menschen oder Ereignisse interpretieren würde. Das Leben wurde einfach schöner, und ich fühlte mich öfter glücklich und zufrieden. Orin lenkte mein Bewußtsein auf eine höhere Ebene, so daß ich meine Aufgaben in der inneren und äußeren Welt besser erfüllen konnte und beide im Einklang in die gleiche Richtung gehen und dem gleichen Ziel dienen konnten und ich mich dabei wohl fühlte.

Im April 1983 erzählte mir Orin von einem Buch, das er durch mich zu schreiben gedächte:

Ich bin dabei, eine bestimmte Philosophie zu entwickeln und sie als neue kollektive Gedankenform auf die Erde zu verpflanzen. Sie wird den Menschen helfen, ihre Kraft zu entdecken, ihr Herz zu fühlen und ein zufriedeneres, glücklicheres Leben zu führen. Ich möchte jeden, der dazu bereit ist, dabei unterstützen, sein wahres Erbe anzutreten und höheren Zielen zu dienen. Wir werden den Menschen helfen, ihr Denken und ihre Emotionen zu bewältigen und auf eine höhere Bewußtseinsstufe zu gelangen. Ich möchte den Menschen zeigen, wie sie Frieden und Glück in ihr Leben bringen und an sich selbst als liebevolle Wesen glauben können.

Orins Botschaften spiegeln durchweg diese Denkweise. Wenn ihn jemand um Rat fragt, antwortet er immer liebevoll. Er vermittelt den Menschen eine neue, erweiterte Sicht von ihrem Leben und ihren Aufgaben. Er weist auf Ansichten hin, die einander widersprechen oder Schmerz und Enttäuschung verursachen, und erklärt praktische, anregende Übungen, um eine neue Sichtweise zu entwickeln. Er ermutigt die Menschen, ihre Unterscheidungsgabe einzusetzen, die für sie passende Information anzuwenden und alles, was ihrer Erfahrung nicht entspricht, loszulassen. Er sagt niemandem, was er zu tun habe, aber wenn jemand fragt, zeigt er ihm, welche Wahlmöglichkeiten ihm offenstehen. Er hilft ihm festzustellen, was in seinem Leben bedeutsam ist, damit die Entscheidungen nicht von der Persönlichkeit, sondern von der Seele getroffen werden.

Orin ist sich jeder Seele bewußt, die sich an ihn wendet – ob durch gesprochene oder geschriebene Botschaften. Sein

Licht ist immer all jenen zugänglich, die sich mit ihm in Verbindung gesetzt haben und in ihrem Geist den Gedanken des Lichts und der Liebe bewahren, den Orin verkörpert. Seine Worte lassen erkennen, wer man wirklich ist – ein Wesen des Lichts und der Vollkommenheit, das die irdische Welt erlebt, sich entwickelt, heranwächst und dabei lernt, wie es das Licht seiner Seele in der Welt der Form und der Materie ausdrücken kann.

Orin hat von Anfang an eindeutig erklärt, daß er hier ist, um die Heiler zu heilen und die Lehrer zu lehren. Er zieht all jene an, die an der Spitze einer neuen Bewegung stehen wollen, die mehr Menschen ihrem Höheren Selbst öffnen wird. Dieses Buch ist Orins Gabe.

II
Grüße von Orin

Orin grüßt Sie, der Sie bestrebt sind, höheres Wissen zu erlangen. Sobald Sie diese Stufe gemeistert haben, wird das tägliche Leben einfacher für Sie werden, und die nächste Herausforderung besteht dann darin, eine noch höhere Ebene zu erreichen und sie halten zu können. Diesmal sind Sie im Reich des Wissens nur Besucher, aber später werden Sie sich dort ständig aufhalten. Ich geleite Sie alle dorthin, damit Sie dieses Wissen weitergeben können, denn jene, die heute noch lernen, werden morgen schon Lehrer sein, und wenn die Zeit reif ist, ihre eigenen Schüler unterrichten. Je weiser und mitfühlender Sie werden, um so eher werden andere Ihren Rat und Ihre Hilfe erbitten. Ich spreche zu Ihnen, um Ihnen zu helfen, ein neues, erweitertes Bewußtsein und Wesen zu entwickeln. Dann können Sie im neuen Zeitalter als einer der Führer voranschreiten. Denn es wird immer jene geben, die vorausgehen – die Wegbereiter und Pioniere, die als erste zu gehen wagen.

Ich fordere Sie alle heraus, als einer der ersten diese neue Ebene des Bewußtseins und der Wahrheit zu erreichen. Sobald Sie diese Zeilen lesen und die darin enthaltene

Wahrheit aufnehmen, wird es so scheinen, als hätten Sie all das schon immer gewußt. Alles, was Sie hier lernen, können Sie an andere weitergeben und für Ihre eigene Führung und Ihr persönliches Verständnis einsetzen. Mein Ruf ergeht an all jene, die hier auf der Erd-Ebene als Lehrer und Heiler wirken, die als erste aus dem allgemeinen Kollektivdenken heraustreten wollen, die bereit sind, über die bekannte Realität hinauszugehen, um in andere Bereiche von Licht und Liebe einzutreten.

Ich werde Ihnen helfen, Ihre Seele und deren erweiterte Bewußtheit zu erfühlen, und so werden Sie die Freude kennenlernen, die auf Sie wartet, sobald Sie durch das Fenster Ihrer Seele blicken. Freude ist eine Geisteshaltung, es ist die Gegenwart der Liebe – zu sich selbst und zu anderen. Sie erwächst aus einem Gefühl des inneren Friedens, aus der Fähigkeit zu geben und zu nehmen, und aus der Wertschätzung sich selbst und anderen gegenüber. Sie ist ein Zustand der Dankbarkeit und des Mitgefühls, in dem man die innere Verbindung zum Höheren Selbst fühlt.

Durch dieses Buch werden Sie lernen, sich eine Umgebung zu schaffen, die Sie wachsen läßt und in der sich Ihr Geist entfalten kann. Durch meine Hilfe wird es Ihnen vielleicht gelingen, Ihren Weg und Ihr höheres Lebensziel zu erkennen und sich ihm zu öffnen. Dieses Buch wird Ihnen helfen zu sehen, wer Sie wirklich sind, Ihnen zeigen, wie Sie auf den Pfad der Freude und des Lichts gelangen. Es liefert Ihnen das Werkzeug zu einem sorgenfreien Leben, auch wenn ich nicht umhin kann, beim Gebrauch des Wortes «sorgenfrei» liebevoll zu lächeln. Die Situationen, die Ihnen jetzt schwierig erscheinen, werden Sie bald mit Leichtigkeit bewältigen, aber es werden sich Ihnen andere außerordentliche Herausforderungen stellen. Dieser Kurs gilt der Erforschung des Höheren Selbst.

Es gibt viele Bewußtseinszustände, die Sie ständig erleben, aber nicht beachten. Sie können lernen, durch Lenken Ihrer Aufmerksamkeit höhere Ebenen der Information und des Bewußtseins wahrzunehmen. Es steht Ihnen frei, Wissen und wahre Weisheit zu erlangen. Mit meiner Hilfe können Sie Ihre Wahrnehmungsfähigkeit erforschen und erweitern und Ihre innere Stimme hören lernen. Sie werden lernen, sich jegliche Information im Universum zu erschließen, die Ihnen von Nutzen sein kann. Jeder von Ihnen, der sich zu diesem Buch hingezogen fühlt, kann zum Kanal der Heilung und Liebe werden. Jeder von Ihnen beschreitet den Weg der beschleunigten persönlichen Evolution, was dem gesamten Planeten zugute kommt. Es kann sich auf die verschiedenste Art zeigen: Heilen durch die Hände, Wissensvermittlung durch das gesprochene oder geschriebene Wort, anderen Freude bereiten und für alle Menschen in Ihrer Umgebung Licht und Liebe verbreiten.

Es existieren unzählige Realitäten, und ich möchte Sie in die höheren feinstofflicheren Bereiche der Liebe, Freude und der Weisheit führen. Während Sie diese Zeilen lesen, bitte ich Sie, Ihre Gedanken für neue Ideen zu öffnen, die jetzt vielleicht noch nicht von der Allgemeinheit akzeptiert werden. In dem Maße, wie sich das menschliche Bewußtsein erweitert, werden immer mehr Menschen diese neue Ebene der Liebe erreichen. In hundert Jahren wird dieses Konzept schon die Norm sein.

Sie säen neue Gedankenformen in die Welt aus.

Ich spreche eine Einladung an all jene aus, die bereit sind, an der kommenden Veränderung aktiv teilzuhaben. Viele Wesen meiner Art rufen Sie alle zusammen. Stellen Sie sich vor, Sie seien Teil einer größeren Gruppe, die sich versammelt, um das Bewußtsein zu erforschen und die Samen der neuen Ideen, die auf Sie zukommen, im Universum auszustreuen. Diese Ideen besagen, daß Sie in einem Universum der Güte und der Fülle leben und daß man tatsächlich ein Leben der Freude und Liebe führen kann. Wenn Sie Ihre höheren Gedankenformen der «allgemeinen Atmosphäre» hinzufügen, schaffen Sie damit Vorstellungen, die es anderen erleichtern, sich selbst mehr zu lieben.

Jene unter Ihnen, die den Pfad des Lichts und der Freude beschreiten wollen, lade ich ein, sich beim Lesen dieses Buches mit meiner Essenz zu verbinden und die Gemeinschaft all derer zu fühlen, die dieses Wissen teilen. Eine Gruppe, die in ihrem gemeinsamen Bewußtsein eine bestimmte Gedankenform hält, kann sehr viel erreichen. Immer, wenn eine Gruppe von Menschen bestimmte Gedanken und Vorstellungen im Geist bewahrt und praktiziert – und die Betonung liegt hier auf Liebe, spirituellem Wachstum und höheren Zielen – verzehnfacht sich dadurch die Fähigkeit des einzelnen, all das auch in seinem persönlichen Leben hervorzubringen und anderen dieses Gedankengut zu erschließen, die sich nach oben ausrichten wollen.

Ihr Land sowie die gesamte Welt erleben bereits eine Transformation. In den nächsten zwanzig Jahren werden sich die kollektiven Gedankenformen drastisch verändern. Sie können dabei helfen, Samen für künftige Gedanken zu legen, indem Sie ein geistiges Bild wahren, das Größe, universelle Anteilnahme und Hilfe für die Erde umfaßt. Um die kommenden Veränderungen und Energien zu nützen, wird es hilfreich sein, wenn Sie die seelischen Kräfte der Klarheit, Liebe und des inneren Friedens entwickeln. Ich spreche nicht von einem bevorstehenden Holocaust, nicht das ist es, was ich sehe. Ich spreche von der Notwendigkeit, diesem

34

Planeten Frieden zu bringen, indem Sie den Frieden in Ihrem eigenen Leben schaffen. Sie erhalten die Chance, diese Energie und die Übergangsphase zu nützen, um Ihre eigene Entwicklung auf ein höheres Bewußtsein hin voranzutreiben. Es gibt viele weise Lehrer, und wir überbringen alle dieselbe Botschaft der universellen Liebe, des Friedens und der Einheit. Die Worte, die wir verwenden, mögen verschieden sein. Wir sprechen die Sprache, welche die jeweilige Gruppe, bei der wir weilen, am besten versteht. Diese Bewegung hat bereits an vielen Orten eingesetzt. Sie spüren wahrscheinlich eine Verbundenheit mit all jenen, die sich auf die Erweiterung ihres Bewußtseins und ihre persönliche Weiterentwicklung konzentrieren. Vielleicht erleben Sie sich selbst zu zwei Welten gehörend, wo Sie mit Menschen zu tun haben, die an diese Dinge glauben, während andere nicht daran glauben. Möglicherweise werden Sie feststellen, daß manche Ihrer Beziehungen sogar mehrere Welten umfassen, denn diese Information soll nicht nur auf einen Bereich beschränkt bleiben. Wir suchen Menschen, welche die Samen überall hintragen, die bereit sind, nicht nur Mitglied in einer Gruppe Gleichgesinnter zu sein. Je zahlreicher die Welten, in denen Sie sich bewegen können, um so wertvoller sind Sie und Ihre Ideen für diesen Planeten.

Sie können lernen, über Machtkämpfe hinauszuwachsen und Beziehungen zu anderen über das Herz und die Seele aufzunehmen, um sich mit ihnen auf liebevolle Weise zu verbinden. Sie werden viele beglückende Möglichkeiten entdecken, zu Ihren Freunden und zu anderen Menschen in Ihrem Leben Kontakte herzustellen, die Ihnen Freude und inneren Frieden bescheren. Alle, die diese Zeilen lesen, beschreiten einen Weg, der sie über ihr Herz mit anderen Menschen vereint, und nicht über ihr Machtzentrum. Alles, was Sie lernen, können Sie mit anderen teilen und an sie weitergeben. Es ist Zeit, neue Gedankenformen auf der Erde auszusäen, neue Wege des Miteinander zu entdecken und Frieden anstatt Disharmonie zu schaffen.

Wer bin ich?

So viele von Ihnen fragen, was denn ein Führer sei. Wer sind wir? Was ist unser Ziel? Ich, Orin, bin ein spiritueller Lehrer. Abgesehen von den Realitätssystemen, die auf Ihren wissenschaftlichen Prinzipien und Gesetzen aufbauen, kann ich auch in anderen Welten existieren. Ich habe ein Leben auf diesem Planeten verbracht, um die Erfahrung der physischen Realität besser zu begreifen. Ich bereise viele Welten. In Ihrer Welt würde man mich vielleicht als Forscher, Berichterstatter, Lehrer oder Führer bezeichnen, aber das ist nur ein Teil dessen, was ich bin. Ich stehe mit vielen Realitätsebenen in Verbindung, denn auf interplanetarer Ebene finden gerade jetzt in allen Bereichen vermehrtes Wachstum und eine weitere Evolution statt. In den Welten, durch die ich reise, wird das Wachstum beschleunigt. Allen, die darum bitten, wird in jedem Bereich Hilfe zuteil. In diesem Augenblick bin ich als Geistwesen zugegen und spreche durch die Übertragung meiner Gedankenimpulse zum Geist jenes Wesens, das Sie Sanaya nennen.

Ich bin ein Wesen des Lichts.

Ich helfe jenen, die einen Weg des Lichts und der Freude auf Erden beschreiten, die bereit sind, dem Planeten zu dienen und sich um persönliches Wachstum und um Weiterentwicklung bemühen. Ich biete Ihnen für Ihr persönliches Leben und für den Weg, auf dem Sie der Allgemeinheit dienen möchten, Führung und Hilfe an.

Ich übertrage die spirituellen Lehren auf die Erd-Ebene und viele weitere Ebenen. Ich bereise verschiedene Zonen des Universums, um festzustellen, was dort geschieht, und unterstütze mit meiner spirituellen Führung jene Bereiche, die daraus den größten Nutzen ziehen können. Es gibt bestimmte Wahrheiten, die in allen bekannten Universen Gültigkeit besitzen. Ich bin hier, um diese Prinzipien und Methoden zu lehren. Das Verständnis und die praktische Anwendung dieser Wahrheiten führt immer zu erweitertem Bewußtsein und Wachstum.

Ich lade Ihre Seele ein, sich mit mir zu verbinden, während wir Ihr erweitertes Potential erforschen. In diesen Gedanken liegt meine Essenz, und sie wird Ihnen helfen, sich Ihrem tieferen, weiseren Selbst aufzutun. Es wird sich so anfühlen, als würden Sie zu dem, was Sie immer schon als Ihr wahres Wesen erkannt haben. Viele von Ihnen haben immer gespürt, daß sie sich von den anderen unterscheiden, als ob sie wüßten, daß sie eine Mission, eine besondere Aufgabe in diesem Leben zu erfüllen haben. Ich hoffe, Sie darin zu unterstützen, diese Mission und Aufgabe zu erkennen. Ich lade Sie ein, mit mir die Reiche des Lichts und der Liebe zu bereisen, aus denen Sie stammen.

Viele von Ihnen – und Sie alle sind wunderbare Wesen des Lichts – haben sich in den dichteren Energien der Erde verfangen. Mit Hilfe der Ideen dieses Buches werde ich versuchen, Sie zu den feinstofflichen Bereichen zurückzugeleiten, die Sie von Natur aus anstreben. Erlauben Sie sich, die Energie hinter diesen Worten aufzunehmen, denn sie sind so geschrieben, daß sowohl die Worte selbst als auch die Energie, mit der ich sie versehen habe, Ihr Herz öffnen werden.

Unendliche Liebe,
Führung und
grenzenloses Mitgefühl
kann durch uns,
die Wesen des Lichts,
allen zuteil werden.

Ich bin nicht weit entfernt, und meine Liebe und meine Schwingung erreichen all jene, die darum bitten. Aber Sie müssen bitten, bevor Ihnen gegeben werden kann, denn jenen, die nicht darum bitten, können wir nicht helfen. Das zum Anfang des Kursus. Was ich gesagt habe, ist nur ein kleiner Teil dessen, was mit Ihnen allen geschehen wird. Ich hoffe, daß ich Ihnen die Übergangsphase der nächsten Jahre auf irgendeine Weise erleichtern kann, denn Sie werden alle grundlegende Veränderungen erfahren. Ich bitte Sie, nur jene Ideen und Anregungen in Ihr Herz aufzunehmen, die Ihrem innersten Wesen entsprechen, alle anderen aber loszulassen. Ich bin hier als Helfer und spiritueller Lehrer, um Sie in Ihrer persönlichen Transformation zu unterstützen. Und so heiße ich Sie zu einer Vision Ihrer selbst willkommen, die Sie Ihr freudiges, liebevolles und friedfertiges Wesen erkennen läßt.

III

Sie können ein Leben der Freude führen

Ich werde nun über Freude, Mitgefühl und höhere Ziele sprechen, denn viele von Ihnen suchen nach Frieden und dem Gefühl der inneren Ganzheit. Die meisten von Ihnen sind sich schon bewußt, daß der Friede aus dem Inneren erwächst und die äußere Welt eine symbolische Darstellung dessen ist, was Sie in sich tragen. Auf unterschiedlichen Ebenen kann jeder von Ihnen den Vorgang begreifen, durch den er seine Erfahrungswelt hervorbringt.

Worin besteht der Weg der Freude? Es existieren viele Lebenswege, zwischen denen man auswählen kann, genauso wie es viele Möglichkeiten gibt, auf planetarischer Ebene zu dienen. Es gibt den Weg des Willens, den Weg des Kämpfens, aber auch den Weg der Freude und des Mitgefühls.

Freude ist wie ein inneres Lied,
das Sie den ganzen Tag durchklingt.

Was bringt Freude in Ihr Leben? Wissen Sie es? Sind Sie sich der Dinge bewußt, die Sie glücklich machen? Oder sind Sie mit der Erfüllung Ihrer täglichen Pflichten so beschäftigt, daß Sie das, was Ihnen Freude bereiten würde, auf irgendeinen Zeitpunkt in der Zukunft verschieben? Der Weg der Freude bezieht sich auf die Gegenwart, nicht auf die Zukunft. Tragen Sie ein Bild davon in sich, wie das Leben einmal sein *wird*, wenn Sie glücklich sind, ohne dieses Wohlbefinden gerade hier und jetzt zu verspüren?

Viele von Ihnen verbringen Ihre Zeit mit Aktivitäten, die nicht durch die Seele, sondern durch die Persönlichkeit bestimmt sind. Vielleicht hat man Ihnen anerzogen, daß man durch Geschäftigkeit Selbstwertgefühl entwickelt. Aber es gibt zwei Arten von Geschäftigkeit. Persönlichkeitsorientierte Aktivität beruht oft auf «sollen» und dient keinem höheren Zweck, während eine auf die Seele ausgerichtete Aktivität immer gleichzeitig ein höheres Ziel erfüllt.

Die Persönlichkeit läßt sich oft durch die Sinne ablenken, die von einem Augenblick zum anderen Ihre Aufmerksamkeit gefangen halten. Ein Telefonanruf, das Kind, das ständige Stimmengewirr, die Gefühle anderer − all das sind Energien, die den ganzen Tag über Ihre Aufmerksamkeit auf sich ziehen und Sie von den Botschaften aus Ihrem Inneren ablenken können.

Wahre Freude entsteht,
indem Sie Ihrer inneren Führung
gemäß handeln und erkennen,
wer Sie sind.

Es mag viele Gründe dafür geben, warum Sie Ihr Leben nicht sogleich verändern können. Aber wenn Sie sich keine

Gründe dafür *schaffen,* warum Sie es können, wird die Veränderung immer nur eine Zukunftsvision bleiben und Sie werden den Weg der Freude nie beschreiten. Die Welt, für die Sie sich hier entschieden haben, hat Sie mit physischen Sinnen und einem Gefühlskörper ausgestattet. Die große Herausforderung besteht nun darin, sich nicht von dem ablenken zu lassen, was noch vor Ihnen liegt oder was an Ihnen zerrt oder nach Ihnen ruft, sondern statt dessen Ihre Mitte zu finden und all jene Dinge anzuziehen, die mit Ihrem inneren Wesen in Einklang stehen.

Richten Sie Ihr Leben so ein, daß andere an Ihnen zerren, wodurch Ihre Zeit zwar ausgefüllt ist, aber nicht mit den Dingen, die Sie möchten? Sie haben die Kraft, dieses Drama zu verändern. Sie erwächst aus dem Mitgefühl für Ihr wahres Wesen und dem Empfinden der inneren Freiheit.

Viele von Ihnen haben sich ein freudloses Leben eingerichtet, weil sie glauben, anderen verpflichtet zu sein, weil sie meinen, es selbst zu brauchen, daß man sie braucht, oder weil sie sich für das Opfer dieser oder jener Situation halten.

Die Herausforderung auf dem
Weg der Freude besteht darin,
sich Freiheit zu verschaffen.

Jedermann ist frei. Vielleicht haben Sie sich ein großes Betätigungsfeld geschaffen und Ihr Leben von bestimmten Erfolgen und Formen abhängig gemacht. Zum Weg der Freude gehört, sich nicht in den Details dieser Formen zu verfangen. Er lehrt Sie, nicht Ihren eigenen Schöpfungen zu erliegen, sondern durch sie aufzusteigen.

Wenn Sie sich eine Arbeit, eine Beziehung oder etwas

anderes geschaffen haben, das Ihnen keine Freude macht, dann blicken Sie nach innen und fragen Sie sich, warum Sie glauben, etwas aufrechterhalten zu müssen, das Ihnen keine Freude bereitet.

Oft glaubt man, daß man es nicht verdient, zu bekommen, was man sich wünscht. Auf unserer Ebene existiert etwas wie «verdienen» überhaupt nicht. Jeder von Ihnen besitzt eine aktive Vorstellungskraft. Vorstellungen bilden den Ausweg von dort, wo Sie sich jetzt befinden. Sie können ein Tor zum Leid sein, wenn Sie diese Gabe so verwenden wollen, aber auch ein Tor zur Freude.

Wenn Sie tagsüber mit Ihren Freunden telefonieren, hören Sie ihnen dann noch lange zu, obwohl Sie das Gespräch gerne schon beendet hätten? Hören Sie sich ihre Geschichten an, die Ihre Energie schwächen? Treffen Sie Verabredungen mit Leuten, obwohl Sie eigentlich keine Zeit haben oder kein höherer Sinn hinter diesem Zusammentreffen erkennbar ist? Um den Weg der Freude zu finden, werden Sie nicht umhinkönnen, sich zu fragen, warum Sie sich anderen Leuten oder Ihren selbstgeschaffenen Formen verpflichtet fühlen.

Der Weg des Mitgefühls verlangt nicht von Ihnen, jeden zu lieben, gleichgültig, wie er handelt oder wer er ist. Dieser Weg lehrt Sie, jeden in seiner Wahrheit zu erfassen und all seine Teile anzuerkennen. Er lehrt Sie, Menschen zu sehen und sich zu fragen, ob Sie etwas tun können, um sie zu heilen, ihnen zu helfen oder sie mit ihrer höheren Vision in Kontakt zu bringen. Wenn das nicht zutrifft, ziehen Sie nur Ihre eigene Energie herunter, indem Sie Zeit mit diesen Leuten verbringen.

Manche von Ihnen helfen anderen Leuten immer wieder und empfinden dabei nur Frustration. Vielleicht fühlen Sie sich verpflichtet. Als ob es keinen anderen Ausweg gäbe, als sich ihre wehleidigen Geschichten anzuhören und zu wünschen, sie möchten im Leben doch endlich weiterkommen. Wenn Sie anderen helfen und sich kein Fortschritt zeigt, sollten Sie sich lieber fragen, ob Sie ihnen tatsächlich Hilfe bringen oder ob diese Menschen überhaupt imstande sind, Ihre Hilfe aufzunehmen.

Zum Weg der Freude gehört auch die Fähigkeit zu empfangen. Sie könnten von Liebe und aufmerksamen Freunden umgeben sein und einen gesunden, kräftigen Körper haben, wenn Sie sich das aussuchen. Es gibt so viel Wertvolles, für das man dankbar sein kann. Um mehr zu empfangen, wird man zuerst das würdigen, was man bereits hat. Freuen Sie sich auch an den einfachsten Dingen – den Blumen, an denen Sie vorüberfahren, am herzerwärmenden Lächeln eines Kindes, und Sie werden bald feststellen, daß Ihnen das Universum noch mehr zukommen läßt.

Für diejenigen unter Ihnen, die Geldsorgen haben oder eine Arbeit finden möchten, die sie gerne tun – sind Sie bereit gewesen, ein Risiko einzugehen, um das tun zu können, was Ihnen Freude bereitet? Sind Sie bereit gewesen, dem Universum zu vertrauen, daß es Ihnen eine Chance geben wird? Und was noch wichtiger ist, könnten Sie mit dem Geld auch umgehen, wenn es kommt? Hätten Sie das Gefühl, daß es Ihnen zusteht?

Der Weg der Freude erfordert,
sich selbst schätzen zu lernen
und darauf zu achten,
womit man seine Zeit verbringt.

Würde jeder einzelne seine Zeit so verwenden, daß er und der Mensch, der mit ihm zusammen ist, daraus den größten Nutzen ziehen können, sähe die Welt in einem Tag anders aus. Es ist wichtig, daß Sie Ihre Zeit auf eine Weise verbringen, die Ihrem höchsten Wohl dient. Und wenn etwas nicht Ihrem höchsten Wohl förderlich ist, dann garantiere ich, daß es auch das Wohl dieses Planeten oder anderer Menschen nicht fördert.

Vielleicht stellen Sie sich jetzt die Frage, was Sie hier tun könnten, das Ihnen Freude bereiten würde. Jeder von Ihnen tut bestimmte Dinge sehr gerne. Es gibt keinen einzigen Menschen, der nicht irgend etwas wirklich gerne tut.

Durch die Dinge, die Sie gerne tun,
zeigt Ihnen Ihr Höheres Selbst,
wofür Sie hier sind.

Vielleicht denken Sie jetzt daran, daß Sie gerne lesen und meditieren, das aber sicher nicht der Weg sein kann, um Geld zu verdienen. Aber wenn Sie sich einmal erlaubten, ruhig zu werden, zu lesen und zu meditieren, würde sich vor Ihnen ein Weg entfalten. Sehr oft leisten Sie genau dem Widerstand, was Sie am liebsten tun würden. Jeder hört im Geist die sanften Anweisungen für den nächsten Schritt. Es kann etwas sehr Einfaches sein, wie jemanden anzurufen oder ein Buch zu lesen. Vielleicht ist es auch etwas sehr Konkretes, Weltliches, das nicht mit Ihrer höheren Vision verbunden zu sein scheint. Vergessen Sie nicht, daß Ihnen der nächste Schritt immer gezeigt wird. Wenn der Gedanke daran kommt, ist es immer etwas Einfaches, Offensichtliches, das Ihnen Freude bereiten wird.

Jeder von Ihnen weiß, was er morgen gerne tun würde. Wenn Sie aufwachen, fragen Sie sich, wie Sie diesen Tag gestalten könnten, damit es ein freudiger und schöner Tag wird. Stehen Sie mit einem Lächeln auf anstatt mit dem

Gedanken, wieder einen Tag überstehen zu müssen. Konzentrieren Sie sich nicht zu sehr auf Probleme, die zu bewältigen sind.

**Sie werden nur dann Freude erleben,
wenn Sie sich auf die Freude
konzentrieren und sich nicht
mit weniger zufriedengeben.**

Wie sieht Ihre höhere Vision aus und wie kann man sie im Leben finden? Die meisten von Ihnen lassen sich unnötig oft ablenken. Wenn Sie sich jeden Tag nur fünf Minuten Zeit nehmen, Ihren Terminkalender nochmals durchgehen und sich überlegen, inwieweit jede Verabredung, jede Person oder jedes Telefonat mit Ihrem höchsten Ziel zusammenhängt, könnten Sie innerhalb weniger Monate auf dem Weg Ihrer Bestimmung sein und Möglichkeiten finden, Ihr Einkommen zu verdoppeln. Natürlich gilt es, Ihrer Einsicht entsprechend zu *handeln*.

Wenn Sie Ihren Weg nicht kennen, können Sie sich ein Symbol dafür schaffen. Stellen Sie es sich in Form einer Lichtkugel vor, die Sie in Händen halten. Führen Sie diese nun an Ihr Herzchakra, dann ans Kronenchakra oben an der Schädeldecke, und senden Sie sie nun an Ihre Seele weiter. Das Symbol wird schon bald Form annehmen. Sie werden feststellen, wie Sie allein durch den Gedanken an Ihr höheres Ziel den Tag auf magisch-magnetische Weise umzugestalten beginnen. Plötzlich werden Ihnen Freunde, die Ihre Zeit in Anspruch genommen haben, nicht mehr so interessant erscheinen, da neue Freunde auftauchen und sich die Beziehung zu früheren Bekannten verändert.

Mitgefühl bedeutet, auf sich selbst zu achten, sich selbst

45

und seine Zeit zu schätzen. Sie schulden niemandem Ihre Zeit. Wenn Sie die Verantwortung für sich selbst übernehmen und feststellen, daß Sie ein einzigartiger und wunderbarer Mensch sind, wird Ihnen die Welt dasselbe bestätigen.

Für jeden Menschen gibt es einen Sinn
und Zweck auf dieser Erde.

Sie sind nicht hier, um nur *eine* Sache zu erledigen. Alles, was Sie erreichen, wird wiederum Teil eines Schrittes, der die nächste Evolutionsstufe einleitet. Jede Erfahrung integriert sich in frühere Erfahrungen. Manche von Ihnen begehen Seitenpfade und versuchen sich in neuen, nur scheinbar zusammenhanglosen Dingen, um sich auf der Reise nach oben weitere Fähigkeiten anzueignen. Andere finden eine bestimmte Form für ihre Arbeit. Und wieder andere sind hier, um eine Vision des inneren Friedens zu entwickeln und erkennen das als ihre Aufgabe.

Beurteilen Sie den Sinn nicht nach den Maßstäben anderer bzw. nach den von der Gesellschaft erlernten Normen. Vielleicht sind Sie hier, um inneren Frieden zu entwickeln und diese Eigenschaft auszustrahlen, so daß sie anderen zugänglich wird. Vielleicht sind Sie hier, um die Welt des Intellekts oder die Geschäftswelt zu erforschen, damit Sie die Gedankenformen für die Erde auf dieser Ebene unterstützen. Mitgefühl ist jenseits jeglicher Art von Beurteilung. Es bedeutet, einfach akzeptieren zu können. Es ist die Fähigkeit, das Selbst zu schätzen und zu lieben und der höheren Bestimmung Folge zu leisten, wie sie sich auch darstellen mag.

Zwar gibt es fast ständig weltweite Spannungen, aber für den, der auf das Positive ausgerichtet ist und bereit ist, die

Verantwortung für das, was er tut, zu übernehmen, bieten sich ungeahnte Möglichkeiten. All denen, die intuitiv handeln, die heilend wirken und auf dem Weg der Freude sind, steht Energie zur Verfügung. Mit dieser Energie bietet sich auch die Möglichkeit, *jetzt* in einer Welt der Freude und der Fülle zu leben.

Viele von Ihnen machen rasante Fortschritte. Sie erleben ein beschleunigtes Wachstum, um andere, die Ihnen folgen, lehren und heilen zu können. Manche, z. B. Autoren und Schriftsteller, sind den kollektiven Gedankenformen vielleicht schon um Jahre voraus, da es gilt, dem Zeitgeist in dem Moment gerecht zu werden, wenn ihre Bücher erscheinen. Nicht jedermann erlebt denselben Übergang zum selben Zeitpunkt.

Jeder, der diese Zeilen liest,
ist ein Pionier,
denn diese Information
würde Sie nicht anziehen,
wenn Sie Ihrer Zeit
nicht voraus wären.

Vielleicht fühlen Sie die Veränderung in der Energie des Planeten. Wer bereit ist, sich nach oben zu wenden und seine Vision zu finden, wird eine noch stärkere Beschleunigung in seinem Leben feststellen. Wenn Sie meinen, daß Sie jetzt schon viel zu tun hätten – seien Sie achtsam! Die Dinge werden sich noch schneller entwickeln und Weisheit und Unterscheidungsgabe immer wichtiger für Sie werden. Überdenken Sie jeden Tag genau und stellen Sie fest, ob er im Sinne Ihrer höheren Zielsetzung verläuft.

Manchmal ist es überaus schwierig, jemandem, der Hilfe

benötigt, mit «nein» zu antworten. Wenn Sie Menschen, die sich in einer Krise befinden, ständig Aufmerksamkeit schenken, bestätigen Sie ihnen damit nur, daß sie, sobald sie eine Krise hervorrufen, auch Ihre Zuwendung erhalten. Wollen Sie, daß andere Ihre Zeit respektieren und zu schätzen wissen, geben Sie ihnen das zu verstehen. Belohnen Sie sie, wenn sie sich danach richten.

Die Welt erlebt gerade eine tiefgreifende Veränderung, und die Dinge beschleunigen sich ständig. Vielleicht können Sie das bereits fühlen. Die Menschen, die nicht auf ihre höhere Vision und ihr Höheres Selbst ausgerichtet sind, werden um so mehr Problemen begegnen. Manche Leute in Ihrem Bekanntenkreis bezeichnen diese Zeit vielleicht als die schönste und glücklichste in ihrem Leben, während sie anderen als die schwierigste erscheint. Wenn Sie diese Zeit als die glücklichste in Ihrem Leben empfinden, achten Sie auf die anderen in Ihrer Umgebung. Anstatt zu urteilen oder sich von denjenigen zu distanzieren, die sich in Schwierigkeiten befinden, können Sie ihnen Liebe senden und dann einfach loslassen.

Wenn Sie mit anderen – seien es Fremde, ein geliebter Partner oder ein enger Freund – in Machtkämpfe geraten, wenden Sie sich an Ihr Höheres Selbst. Halten Sie einen Augenblick inne, atmen Sie tief durch und lassen Sie sich von dem Wunsch der anderen nach Auseinandersetzung nicht beeinträchtigen. Erinnern Sie sich, es ist *deren* Wunsch, nicht der *Ihre*.

In dieser Zeit der sich erhöhenden Schwingung gilt es zu lernen, sich nicht durch das dritte Chakra, den Solarplexus, in die Energie anderer Leute hineinziehen zu lassen. Viel von dem, was die meisten Menschen von anderen wahrnehmen, kommt durch den Solarplexus, das Macht- und Emotionszentrum. Viele der Herausforderungen auf dem Weg der Freude werden darin bestehen, Machtkämpfen aus dem

Weg zu gehen und aus tiefem Mitgefühl zu handeln. Wenn einer Ihrer Freunde scharf reagiert oder unfreundlich ist, halten Sie kurz inne und versuchen Sie, sich in ihn einzufühlen und das Leben aus seiner Perspektive zu betrachten. Dann begreifen Sie vielleicht seine Müdigkeit oder Abwehrhaltung, die nichts mit Ihnen zu tun hat, Sie stellen lediglich eine weitere Figur in seinem Stück dar. Je mehr es Ihnen gelingt, von außen zu beobachten und sich nicht auf Machtkämpfe einzulassen, um so mehr Frieden und Fülle werden Sie in Ihrem Leben erfahren und um so eher wird es Ihnen gelingen, andere zu heilen, indem Sie einfühlsam aus Ihrem Herzen heraus handeln.

Gehen Sie einen Augenblick nach innen und fragen Sie sich, was Sie bereits morgen tun könnten, um Freude in Ihr Leben zu bringen. Fragen Sie, wodurch Sie einen der Machtkämpfe oder andere energieraubende Dinge in Ihrem Leben beseitigen können. Was können Sie morgen tun, um ein bißchen mehr Zeit dafür zu haben, inneren Frieden zu finden?

Es gibt so vieles, wofür Sie dankbar sein können – ein wacher Geist und ein unbegrenztes Potential. Sie haben die Fähigkeit, alles, was Sie wollen, tatsächlich zu verwirklichen. Die einzigen Grenzen sind jene, die Sie sich selbst setzen. Wenn Sie morgens aufwachen, erinnern Sie sich Ihrer Freiheit! Bewahren Sie Ihre höhere Vision und leben Sie das glücklichste Leben, das Sie sich vorstellen können.

Sie können ein Leben der Freude führen

Übungsbogen

1) Notieren Sie sieben Dinge, die Sie gerne tun, bei denen Sie sich wohlfühlen, für die Sie sich aber in den letzten Monaten nie Zeit genommen haben. Das kann alles mögliche sein – in der Sonne liegen, eine Reise unternehmen, sich massieren lassen, ein Ziel erreichen, Gymnastik machen, ein Buch lesen.

2) Neben diesen sieben Punkten schreiben Sie nun auf, was Sie daran hindert, das zu tun – etwas in Ihrem Inneren (z. B. Gefühle) oder etwas Äußerliches (jemand oder etwas, wie z. B. Geldmangel).

3) Wählen Sie nun zwei oder drei Dinge aus, die Ihnen am meisten Freude bereiten würden, und überlegen Sie sich, welchen Schritt Sie tun können, damit sich diese Dinge in Ihrem Leben verwirklichen lassen.

4) Tragen Sie auf Ihrem Kalender ein Datum und einen genauen Zeitpunkt ein, zu dem Sie jede dieser Freuden verwirklichen wollen.

IV

Der Wandel vom Negativen zum Positiven

Die Fähigkeit, alle Situationen, Menschen und Ereignisse aus positiver Perspektive zu betrachten, ermöglicht es Ihnen, sich aus den kollektiven Gedankenformen und dichteren Energien zu lösen, um auf den Weg der Freude zu gelangen. Sie können die Menschen, mit denen Sie zu tun haben, davon überzeugen, daß alles zu ihrem Besten geschieht. Meist hört man nur, wie sich andere beklagen, sich selbst als Opfer betrachten oder immer wieder von den negativen Erfahrungen sprechen, die sie gemacht haben. Der Großteil aller Gespräche und aller Kommunikation – ob im Fernsehen, bei Unterhaltungen im Restaurant, im Bus oder an öffentlichen Plätzen – dreht sich um das, was die Leute schlecht finden. Es hat sich eine Denkweise bzw. eine Art der Beziehung zu anderen breitgemacht, die von Selbstgerechtigkeit und «Richtig-oder-falsch»-Kategorien stark geprägt ist. Dabei liegt die Betonung meist auf dem, was man schlecht findet. Grundlage dafür bildet die polarisierte Denkweise, die in Ihrer Gesellschaft üblich ist. Demnach kann etwas nur entweder gut oder schlecht, positiv oder negativ, oben oder unten sein. Will man den Glauben an höhere Ziele weiterverbreiten, geschieht dies teilweise auch, indem man Negatives in Positives umwandelt.

Da Sie in einem System von Polaritäten leben, kann ich ohne diesen Bezugsrahmen keine sinnvollen Aussagen machen, also werde ich in der Kommunikation mit Ihnen dieses System verwenden.

Sie können es durchaus verantworten, jene, die mit Ihnen in Kontakt kommen, über die positiven Ursachen der Ereignisse in ihrem Leben aufzuklären.

Wollen Sie sich der höheren
Sinngebung Ihres eigenen Lebens
bewußt werden, gilt es,
eine begrenzte Sichtweise loszulassen
und Ihre Ansichten
über das Leben zu erweitern.

Ihre Vergangenheit wirkt vielfach wie ein Anker, bis Sie loslassen und Ihre negativen Ansichten über die Vergangenheit oder Ihre Erinnerungen daran aufgeben. Manche von Ihnen haben das Gefühl, daß sie sich z. B. in einer früheren Beziehung eher ungeschickt verhalten haben. Vielleicht tragen Sie noch eine alte Verwundung im Herzen, oder Sie haben den Eindruck, daß man Sie im Stich gelassen hat. Sie können zurückgehen und negative Erinnerungen umwandeln, indem Sie erkennen, welche Gaben Sie von den Menschen damals erhalten haben, und sehen, was Sie selbst an Gutem für andere getan haben. Sie können dann all diesen Menschen auf telepathischem Weg Liebe und Vergebung senden, gleichgültig, wie alt sie damals waren, als sie Ihnen begegnet sind. Auf diese Weise werden Sie sich selbst und andere heilen. Diese Heilung wird auch in der Gegenwart erfolgen und jegliche Projektion negativer Muster auf die Zukunft auslöschen.

Zuerst möchte ich von der Vergangenheit sprechen, denn viele von Ihnen haben noch immer ein negatives Bild von ihrem ehemaligen Selbst. Sie wachsen mit jedem Tag, entwickeln sich weiter, und lernen Ihre Energie auf neue Weise zu handhaben. Gerade aufgrund all dessen, was in der Vergangenheit geschehen ist, sind Sie zu dem geworden, was Sie heute sind.

Alles, was geschieht, dient dazu, Sie Ihrem Höheren Selbst näherzubringen.

Jetzt, wo Sie einen neuen Seinszustand erreicht haben, sind Sie vielleicht versucht, mit Bedauern auf die Vergangenheit zurückzublicken. Dabei fällt Ihnen vielleicht auf, daß Sie manchmal weit besser oder liebevoller hätten handeln können. Aber gerade diese Ereignisse haben die Weiterentwicklung veranlaßt, die Sie jetzt eine bessere Verhaltensweise erkennen läßt. Manche Lektionen sind etwas schmerzhafter als andere, je nachdem, wie bereitwillig man ihnen gegenübertritt. Wenn ich davon spreche, die Sichtweise zu erweitern, meine ich damit die Fähigkeit, aus der Gegenwart herauszutreten und Ihr Leben in seiner Gesamtheit zu betrachten, und nicht als eine Reihe unzusammenhängender Ereignisse.

Wenn ich als Orin eine Person betrachte, dann überblicke ich sein/ihr gesamtes Leben und sehe dabei nicht jedes Ereignis als getrennten Abschnitt, sondern als Teil eines ganzen Lebensweges. Sie können das ebenfalls tun. Vielleicht verspüren Sie Widerstände dagegen, oder Sie sind nicht bereit, sich die Zeit zu nehmen, aber wenn Sie Ihr Leben aus erweiterter Perspektive betrachten, erwarten Sie wunderbare Gaben. Damit es gelingt, seine Sichtweise ins Positive zu kippen, ist es nötig, daß Ihre bewußte Gedankenwelt das Gesamtbild erfaßt. Der spirituelle Körper sieht dieses Bild ohnehin. Sie können lernen, diese erweiterte Sichtweise anzunehmen und aus dem emotionalen und mentalen Körper herauszutreten. Das wird Ihnen dabei helfen, Ihr Leben positiv zu betrachten.

Bei den meisten Menschen ist der Gefühlskörper wesentlich jünger als der spirituelle oder mentale, und er ist in den dichteren Energien auch am stärksten verhaftet. Der Emotionalbereich der meisten Menschen in diesem Lande entwickelt sich weiter, ist aber noch sehr jung. Die derzeit herrschenden Glaubenssysteme von Angst und Pessimismus unterstützen diese Entwicklung keinesfalls. Indem wir ständig ein Zentrum der Liebe und des Friedens in uns wahren, wollen wir den Gefühlsbereich und die Glaubenssysteme der Menschen mit Optimismus und Hoffnung bereichern.

Die Zeitungen und Massenmedien vermitteln oft eine Art Untergangsstimmung, welche die geistige Bilderwelt und die emotionelle Atmosphäre einer gesamten Nation prägen. Wenn ich von der Wende zum Positiven spreche, möchte ich einige *gute* Gründe dafür anführen, warum das geschieht. Betrachten Sie das Land aus erweiterter Perspektive, können Sie feststellen, daß Sie alle, als gesamte Rasse, aufgrund dieser beängstigenden Mitteilungen einen anderen Weg einschlagen. Die Menschen reagieren auf eine bestimmte Art von Mitteilungen, und die meisten reagieren auf negative Nachrichten, einschließlich solcher, die warnen oder Angst verursachen. Momentan gilt für Sie als gesamte Rasse die Anschauung, daß Angst bei der Veränderung von Menschen effektiver sei als Hoffnung; und doch wird es, sobald sich das Blatt gewendet hat, eine Zeit geben, wo neue Botschaften der Hoffnung und des Optimismus mitgeteilt werden.

Wenn Sie sich in Ihrer Gesellschaft umsehen, machen Sie sich einmal bewußt, *wie* die Menschen sprechen, stellen Sie fest, auf welche Weise sie ihre eigenen Energien kennenlernen. Senden Sie ihnen die Botschaft, daß Wachstum auch positiv erfahrbar sein kann. Gerade jetzt sind einige Glaubenssysteme einem Wandel unterworfen, und ich werde sie hier aufzählen, damit Sie dazu beitragen können, höheren Ansichten von der Realität zum Durchbruch zu verhelfen. Eine dieser Anschauungen besagt, daß Wachstum durch Schmerz und Kampf erfolgt. Auf kollektiver Ebene zeigt sich die Bereitschaft, diese Ansicht aufzugeben. Es gibt jedoch viele Menschen, die noch nicht imstande sind, ohne Schmerz und Kampf zu leben. Also muß man ihnen gestatten, so zu leben, bis sie bereit sind, weiterzugehen.

Es herrscht auch die weitverbreitete Meinung, die äußere Welt sei bedeutsamer als die innere. Diese Ansicht verändert sich derzeit ebenfalls. Eine weitere kollektive Anschauung besagt, daß Mangel herrsche und nicht genug für alle da sei. Diese Geisteshaltung, die Ihrer Zivilisation zugrundeliegt, stellt eine ständige Ursache für Macht- und Konkurrenzkämpfe dar. Das bedeutet kein negatives Urteil, es besagt nur, daß manche Menschen auf eine bestimmte Weise lernen, die ihnen das Leben schwer macht. Sie können für die neuen Gedankenformen an vorderster Front eintreten. Deshalb lenke ich Ihre Aufmerksamkeit auf das kollektive Gedankengut, das Sie umgibt. Sobald Sie das erkannt haben, liegt es in Ihrer Hand, ob Sie derselben Ansicht sind und demgemäß leben wollen oder nicht.

Sind Sie bereit, an die Fülle zu glauben,
an den Wert der inneren Welt
und an die Möglichkeit,
daß man durch Freude lernen kann?

Beginnen wir bei Ihrer eigenen Vergangenheit; denken
Sie an eine Zeit, in der etwas geschehen ist, was Sie damals
nicht verstanden haben. Nun, im Rückblick als Erwachse-
ner, als älteres und gereifteres Wesen, könnten Sie genau
verstehen, warum Sie dieses Ereignis angezogen haben und
was Sie daraus gelernt haben. Aus dieser erweiterten Schau
werden Sie rückblickend erkennen, daß es seinen Grund
hatte, warum Sie nicht erhalten haben, was Sie zu wollen
glaubten. Vielleicht hat gerade dieser Verzicht Ihren Lebensweg verändert. Vielleicht hätte Sie die Erfüllung dieses
Wunsches behindert, oder möglicherweise war es etwas,
was ein kleiner, weniger entwickelter Teil von Ihnen an-
strebte. Wenn Sie in Ihrer Erinnerung zurückgehen, Ihre früheren Beziehungen und Ihre Berufslaufbahn betrachten
(auch das, was noch besteht, sich aber auflöst), beachten Sie
dabei auch, was Sie dadurch gelernt haben. Ohne diese
Erfahrungen wäre das, was Sie jetzt erleben, nicht möglich.
Sie können etwas erst dann zurücklassen, wenn Sie es lieben. Je mehr Sie etwas hassen, um so fester sind Sie daran
gebunden. Je mehr Sie es lieben, um so freier werden Sie.
Sobald Sie Ihre Vergangenheit lieben können, haben Sie
sich von ihr befreit.

Wenn Sie an Ihre Kindheit und Ihre Eltern denken und
dabei empfinden können, daß sie genau zu Ihrem Weg
gepaßt haben, sind Sie von den Auswirkungen Ihrer Vergangenheit befreit. Sie können glauben, daß Sie Ihre Eltern,
Ihre Beziehungen und Ihre berufliche Laufbahn selbst ge-

wählt haben, um dorthin zu gelangen, wo Sie jetzt sind. In dem Maße, wie Sie Ihre negativen Erinnerungen in positives Verstehen umwandeln, können Sie noch schneller in Ihre neue Zukunft voranschreiten.

Indem man die Vergangenheit liebt, kann man sie loslassen.

Jedesmal, wenn eine böse Erinnerung hochkommt, bei der Sie sich selbst leid tun, bei der Sie Ihre eigene Handlungsweise schlecht gefunden haben oder wo Sie sich als Opfer einer Situation betrachten oder ein schlechtes Selbstbild entsteht – *stop!* suchen Sie das positive Resultat dieser Erfahrung. Vielleicht haben Sie so viel daraus gelernt, daß diese Art von Verhalten in Ihrem Leben nie wieder vorgekommen ist. Möglicherweise haben Sie aufgrund dieses Ereignisses Ihren Weg geändert. Vielleicht hat es Ihnen eine wichtige neue Verbindung ermöglicht oder Ihnen geholfen, neue Eigenschaften und Charakterzüge zu entwickeln. Unter Umständen haben Sie mit dieser Arbeit damals vielen Menschen gedient und geholfen.

Ihre Eltern haben Ihnen geholfen, Ihre Stärke oder den inneren Willen zu entwickeln, indem sie Ihnen Hindernisse in den Weg legten. Auch zur Kräftigung der Muskeln verwendet man z. B. Gewichte als Widerstand, der überwunden werden muß. Möglicherweise stellten Ihre Eltern ein solches «Gewicht» dar, gegen das Sie ankommen mußten und dabei Ihre innere Stärke entwickelten. Alles in Ihrer Vergangenheit ist zu Ihrem Wohl geschehen. Wenn Sie glauben könnten, daß das Universum freundlich ist, daß es Ihnen immer zu Ihrem höchsten Wohl verhilft, könnten Sie ein Leben in Frieden und Sicherheit führen.

Betrachten Sie einmal Ihr gegenwärtiges Leben. Um ein Gesamtbild zu erhalten, können Sie sich vorstellen, wie Sie in die Zukunft gehen. Sehen Sie sich z. B. einer neuen Herausforderung gegenüber, für die Sie noch nicht die nötigen Fähigkeiten entwickelt haben, stellen Sie sich vor, wie Sie in die Zukunft gehen und sich mit Ihrem zukünftigen Selbst vereinen. Dadurch ziehen Sie das Wissen an, das Ihr zukünftiges Selbst besitzen wird. Es gelangt vielleicht erst in dem Moment in Ihr Wachbewußtsein, in dem es benötigt wird. Aber die Energie und das Wissen, die Ihnen Ihr zukünftiges Selbst senden kann, wird das, was Sie heute erleben, möglicherweise leichter machen. Stehen Sie vor einer Entscheidung oder einer Schwierigkeit, stellen Sie sich vor, wie Sie in fünf Jahren auf den heutigen Tag zurückblicken werden und das Gesamtbild betrachten. Dann verbinden Sie sich mit diesem zukünftigen Selbst. Aus dieser Perspektive ist es einfacher zu erkennen, was heute zu tun ist. Sie könnten sich sogar vorstellen, dieses zukünftige Selbst zu sein und von diesem Gesichtspunkt aus mit Ihrem heutigen Selbst zu sprechen. Sie könnten eine Geschichte erfinden und sich selbst erzählen, warum Sie die gegenwärtige Erfahrung durchmachen, und Ihrem jetzigen Selbst die Richtigkeit all dessen bestätigen, was jetzt geschieht. Ihr zukünftiges Selbst ist real und nur zeitlich von Ihnen getrennt. Es kann mit Ihnen sprechen und Sie beraten, was jetzt zu tun ist, wie Sie noch schneller dorthin gelangen, wohin Sie möchten.

Wenn Sie sich Ihre Zukunft vorstellen,
glauben Sie nicht,
daß Sie dann noch
derselbe sein werden,
der Sie heute sind.

Sie werden sich weiterentwickelt haben, weiser und gereifter sein. Jetzt bestehende Probleme werden gelöst sein. Probleme bilden einen Anziehungspunkt für Ihre Aufmerksamkeit. Sie nennen sie so, weil Sie noch keine Lösung gefunden haben und der neue Teil von Ihnen, der weiß, wie man mit dieser Situation zurechtkommt, noch nicht aktiviert ist. Oft schaffen Sie sich Probleme, um neue Verhaltensformen hervorzubringen und Teile Ihrer selbst zu entwickeln. Das ist auch möglich ohne Krisen, indem Sie der inneren Stimme Aufmerksamkeit schenken und sich Zeit nehmen, sich selbst in der Zukunft zu sehen. Sie können neue Bilder von dem, was Sie sein wollen, anziehen. Aber das erfordert die Bereitschaft, jene Situationen und Dinge in Ihrem Leben loszulassen, die diesen Bildern nicht entsprechen.

Dieser Wandel zum Positiven wird am meisten dem Emotionskörper nützen, denn jedesmal, wenn Sie sich etwas Negatives sagen oder sich ins Unrecht setzen, ändert sich die Schwingung Ihres Emotionskörpers und Ihr Energieniveau sinkt. Wird Ihre Schwingung niedriger, verändert sich auch Ihr Magnetismus und Sie ziehen jene Menschen und Ereignisse an, die diesen Energieabfall noch verstärken. Sobald Sie die Verantwortung übernehmen, Ihr Bewußtsein auf höhere Gedanken einzustimmen und freudige Bilder in Ihrem Geist entstehen zu lassen, können Sie die Schwingung des Emotionskörpers anheben. Dann werden Sie auch den Wunsch verspüren, daß die Menschen in Ihrem Leben zu diesen höheren Gefühlen beitragen und sie mit Ihnen teilen. Stellen Sie jedoch fest, daß die Menschen, die Sie kennen, ständig deprimiert oder ärgerlich sind oder sich in negativen Gefühlszuständen befinden, dann fragen Sie sich, warum Sie eigentlich glauben, diese persönliche Umgebung sei gut für Sie.

Die persönlichen Beziehungen der meisten von Ihnen beruhen auf Gewohnheiten und Verhaltensmustern, die sich ständig wiederholen, gleichgültig, mit wem Sie zusammen sind. Ist man bereit, diese Muster loszulassen, wird man viele neue Möglichkeiten entdecken, die Bindung zwischen sich und anderen zu vertiefen. Durch die Konzentration auf das, was bei jemand anderem nicht in Ordnung ist, kann man es sogar noch verstärken. Die Dinge, die früher in einer Beziehung funktioniert haben, werden auf einmal nicht mehr gutgehen. Konzentrieren Sie sich jedoch darauf, das Gute in anderen hervorzubringen, indem Sie ihre Schönheit sehen und ihnen auch sagen, was Sie an ihnen mögen, werden Sie feststellen, wie sich in den Problembereichen von selbst Lösungen einstellen, obwohl Sie nicht direkt daran gearbeitet haben. Je stärker Sie sich auf die Probleme konzentrieren bzw. auf das, was Sie am anderen als störend empfinden, um so eher wird es mit Ihren Beziehungen bergab gehen. Am Anfang einer Begegnung achten beide so sehr auf das Gute im anderen, daß sie sozusagen durch die «rosarote Brille» schauen. Das ist ein großes Geschenk für beide, denn indem man die Aufmerksamkeit auf das Gute im anderen richtet, hilft man einander, es hervorzubringen.

Einen Menschen zu lieben,
bedeutet die Verpflichtung,
ihn in seiner höchsten
Möglichkeit zu sehen,
auch wenn die Zeit
und die Vertrautheit
ihren Preis fordern.

Häufig beginnt ein Macht- oder Konkurrenzkampf, wenn man an einem anderen, einem geliebten Menschen oder Freund, etwas entdeckt, das anders ist als man selbst. Damit versucht man, das Problem zu bewältigen. Wenn man statt dessen die Weltanschauung des anderen akzeptiert und begreift, daß sie eben nur anders ist als die eigene, braucht man nichts weiter zu tun, als sie/ihn zu lieben. Sie brauchen niemanden davon zu überzeugen, daß Sie recht haben, das führt nur zu Machtkämpfen. Sie brauchen sich auch nicht davon überzeugen zu lassen, daß die anderen im Recht sind. Positiv zu denken bedeutet nicht, blind zu sein. Es ist die Bereitschaft, in anderen das Gute zu sehen und die Aufmerksamkeit von dem, was (Ihrer Ansicht nach) falsch bzw. anders ist, abzuziehen.

Je mehr Sie andere darauf hinweisen, daß sie «schlecht» oder im Unrecht sind, um so unsicherer machen Sie sie. Auf dieser Basis der Unsicherheit entstehen tatsächlich Probleme und vergrößern sich, je mehr man sich auf sie konzentriert. Sie können ruhig jedem Menschen in Ihrem Leben sagen, was Sie an ihm gut finden, und ihn erkennen lassen, daß auch er weiter wächst. Sobald sich jemand über ein Problem oder eine Schwierigkeit beklagt, können Sie ihm klarmachen, daß ihm diese Situation weiterhilft, positive Veränderungen bewirkt und er daraus lernen kann.

Vielleicht betrachten Sie Ihre Arbeit (oder die Tatsache, daß Sie im Moment keine Arbeit haben) als Problem, oder Sie wünschen sich, Ihren Beruf aufzugeben oder eine neue Laufbahn aufzubauen. Ihr Höheres Selbst wacht immer über Sie. Es überprüft Sie ständig und stellt fest, ob Sie in Ihrer Einstellung, Ihrer persönlichen, emotionellen und physischen Entwicklung weit genug sind, um das zu bekommen, was Sie sich wünschen. Wenn es sieht, daß Sie noch nicht bereit sind, wird es Sie unterdessen ein wenig ablenken und die notwendigen Eigenschaften in Ihnen entwikkeln helfen. Möglicherweise gilt es, neue Fähigkeiten zu entwickeln, neuen Menschen zu begegnen oder die Umgebung zu wechseln.

Ihr Höheres Selbst wird
Ihnen den Weg weisen,
damit Sie die Veränderungen,
die Sie erbitten,
vollziehen können oder bekommen,
was Sie sich wünschen.

Von solch einer erweiterten Perspektive aus gesehen, werden Sie verstehen, daß das, was jetzt geschieht, die Vorbereitung auf Neues darstellt. Ertappen Sie in dieser Woche jemanden dabei, wie er sich beklagt, dann sagen Sie einfach: «*Halt!*» Lernen Sie Ihre Stimme so einzusetzen, daß sie der Energie von Leuten Einhalt gebietet, die ihre Beschwerden bei Ihnen abladen wollen. Wenn Sie Leuten zuhören, die «jammern», und ihrer Negativität Aufmerksamkeit schenken, begeben Sie sich in eine Position, die Sie für die niedrigen Energien der anderen verwundbar macht. Sie brauchen nicht hinzuhören. Indem Sie andere daran hindern, ihre Geschichten zu erzählen, vor allem, wenn sie eher unschön sind, helfen Sie ihnen, aus der Situation herauszufinden. Beobachten Sie die Leute in dieser Woche einmal. Erzählen sie Ihnen immer wieder ihre traurigen Geschichten? Wenn das zutrifft, stehen Sie zwar auf der Persönlichkeitsebene mit ihnen in Verbindung. Sie könnten sich jedoch auf höherer Ebene begegnen.

Stellen Sie ihnen die Frage, was sie eigentlich wollen, wohin sie gehen und welches höhere Ziel sie sich setzen können? Lenken Sie ihre Aufmerksamkeit auf das Positive, und dasselbe wird auch mit Ihren eigenen Energien geschehen. Nehmen Sie sich für diese Woche vor, jedem, der Ihnen begegnet, aufmerksam zuzuhören. Achten Sie auf die Gespräche an öffentlichen Orten. Wenn sie negativ sind, filtern Sie sie aus. Aber vorher senden Sie diesen Menschen den Gedanken, daß sie sich von der Ebene aus, auf der sie sich jetzt befinden, weiterentwickeln werden, und lieben Sie sie um dessentwillen, der sie sind. Achten Sie auf das Fernsehen, die Zeitungen und Bücher, die Sie lesen – werden positive Begriffe verwandt? Wächst Ihre Energie dadurch oder nimmt sie eher ab, weil negative Bilder in Ihr Bewußtsein eingepflanzt werden? Es steht Ihnen völlig frei, was Sie lesen oder hören. Niemand zwingt Sie zu irgend etwas. Machen Sie diese Woche einmal Gebrauch von dieser Freiheit und Ihrem freien Willen, und suchen Sie sich das angenehmste und hilfreichste Umfeld, das Sie finden können. Beobachten Sie, auf welcher Ebene Ihnen die Menschen begegnen. Sie werden feststellen, daß Sie anderen viel vermitteln können, indem Sie ihnen beim Aufstieg auf die nächsthöhere Ebene helfen. Machen Sie sich bewußt, daß Sie das Licht wahren und all denen weitergeben können, mit denen Sie in Verbindung stehen.

Der Wandel vom Negativen zum Positiven

Übungsbogen

1) Denken Sie an jemanden, den Sie in letzter Zeit sehr kritisch betrachtet haben. Was war es, im Detail gesehen, was Sie an ihm zu kritisieren hatten?

2) Welchen Punkt an sich selbst kritisieren Sie, der genau dem entspricht oder das Gegenteil von dem darstellt, was Ihnen am anderen so mißfällt? Vielleicht kritisieren Sie z. B. einen Freund dafür, daß er immer zu spät kommt. Möglicherweise sind Sie selbst sehr stolz darauf, stets pünktlich zu sein. Bei genauerem Hinsehen läßt sich aber feststellen, daß Sie, was Zeit anbelangt, mit sich selbst äußerst unnachgiebig sind.

3) Erinnern Sie sich an eine Situation, als Sie dasselbe getan haben, wofür Sie den anderen jetzt kritisieren. Angenommen, Sie kritisieren einen Freund, weil er Ihnen Ihr Geld nicht zurückgegeben hat. Haben Sie einmal jemandem geborgtes Geld nicht zurückgegeben?

4) Erinnern Sie sich an einen Augenblick, wo Sie Wärme und Liebe verspürt haben. Versetzen Sie sich in dieses Gefühl. Jetzt denken Sie wieder an die Person, die Sie kritisieren. Was für Gefühle empfinden Sie für ihn/sie, wenn Sie ihn/sie durch diese Wärme und Liebe hindurch betrachten? Sowie Sie diesen Freund durch liebevolle, mitfühlende Augen betrachten, können Sie sich auch selbst vergeben.

5) Bewahren Sie dieses Gefühl der Liebe und Wärme. Denken Sie an das, wofür Sie sich selbst kritisieren. Empfinden Sie jetzt mehr Liebe und Wärme Ihrem eigenen Verhalten gegenüber?

V
Die Kunst, sich selbst zu lieben

Es gibt viele Möglichkeiten, sich selbst zu lieben, und alles, was Ihnen widerfährt, gibt Ihnen die Chance, eine liebevolle Erfahrung zu machen. Aus der richtigen Perspektive betrachtet kann alles eine Gelegenheit bieten, sich selbst zu lieben. Wenn es scheint, als hätte sich die Welt gegen Sie verschworen, geschieht das nur, um Ihnen die Blockaden zu zeigen, die Sie Ihren verfügbaren Kräften in den Weg stellen. Ich bin sicher, wenn ich Sie aufforderte, eine Reihe von Dingen aufzuzählen, die Sie aus Liebe zu sich selbst tun könnten, würde Ihnen vieles dazu einfallen. Vielleicht erinnert sich ein Teil von Ihnen daran, daß Sie diese Dinge nicht in die Tat umsetzen, und da beginnt der Kampf. Dieser innere Krieg kann erschöpfend sein, und wenn Sie auf sich selbst wütend sind, ist das nur Energieverschwendung.

Sie selbst zu lieben bedeutet,
daß Sie sich so akzeptieren,
wie Sie jetzt sind.

Bei diesem Vertrag gibt es keinerlei Ausnahmen, er ist ein Abkommen mit Ihnen selbst: sich selbst zu achten, zu schätzen, zu akzeptieren und zu unterstützen, und zwar als der, der Sie jetzt sind. Es bedeutet, in der Gegenwart zu leben. Viele von Ihnen blicken reumütig auf die Vergangenheit zurück, überlegen, wie sie eine Situation besser hätten bewältigen können und stellen sich vor, daß alles anders geworden wäre, wenn sie nur dies oder jenes getan hätten. Einige blicken in die Zukunft und fühlen sich völlig unzulänglich, sie zu bewältigen. Die Vergangenheit kann Ihnen helfen, indem Sie auf Ihre Erfolge zurücksehen und an die Zeiten denken, in denen Sie positive Erinnerungen geschaffen haben. Die Zukunft kann Ihnen ein Freund sein, wenn Sie verstehen, daß Sie die Vision für den nächsten Schritt hervorbringen, indem Sie sich die Zukunft ausmalen. Seien Sie sich nicht selbst böse, weil Sie die Vision noch nicht verwirklicht haben. Es ist wichtig, daß Sie sich ohne Vorbehalte jetzt so lieben, wie Sie sind.

Sich selbst zu lieben geht über Verhaftung und Losgelöstheit hinaus. Sie leben in einem physischen Körper, und jeder besitzt einen Fokussierungspunkt, den er «Ich» nennt. Sie haben dieses «Ich» erhalten, damit Sie sich vom größeren Ganzen lösen und eine spezifische Form des Seins erfahren können. Sie wurden geboren, um all das zu erleben, was Sie bereits erlebt haben, und um daraus zu lernen. Ob Sie es nun als gut oder schlecht bezeichnen, es ist das, was Ihr Wesen, Ihre Einzigartigkeit und Ihr Ziel ausmacht. Könnten Sie sich von meiner Perspektive aus betrachten, würden Sie sich selbst als Kristall mit vielen Facetten sehen. Jeder von Ihnen unterscheidet sich deutlich vom anderen und verkörpert eine einzigartige Kombination von Energien. Jeder von Ihnen ist schön, besonders und in seiner Art einmalig wie ein Kristall. Sie reflektieren das Licht auf eine spezifische Weise, daher unterscheidet sich Ihre Aura auch von der aller anderen. Würden Sie Ihre Einzigartigkeit wirklich schätzen und erkennen, daß der Weg, den Sie gewählt haben, keinem anderen gleicht, wäre es leichter, sich von den Ansichten anderer zu lösen und Ihrer eigenen Führung zu folgen.

Einer der Wege sich selbst mehr zu lieben, besteht darin, sich nicht mehr mit anderen zu vergleichen. Auch wenn Sie ein Teil eines Ganzen darstellen, besitzen Sie doch ein individuelles Selbst, das seinen eigenen Weg geht. Die Anschauung Ihrer Familie oder einer anderen Gruppe, die Sie übernommen haben, können für Ihre Selbstliebe ein Hindernis bilden. Möglicherweise hören Sie Dinge wie: «Alle sind der Meinung, es sei gut, zu meditieren», und dann fühlen Sie sich schlecht, wenn Sie es nicht tun. Die Herausforderung in der Selbstliebe liegt darin, sich von allem, was man Ihnen sagt, zu lösen und sich zu fragen: «Entspricht das meinem Wesen? Bereitet es mir Freude? Fühle ich mich wohl dabei?» Letztlich ist es Ihre eigene Erfahrung, auf die es ankommt.

Natürlich kommt man leicht in Versuchung, eine andere Person oder auch ein Buch zur Autorität zu erheben. Dadurch verlagert man die Entscheidung darüber, was gut für einen ist, nach außen. Mit einem Lehrer zu arbeiten kann sehr hilfreich sein, aber nur soweit man lernt, Informationen aufzunehmen und durch diese Arbeit zu wachsen. Ich bin hier, um Ihnen Tore zu öffnen. Ich habe kein Verlangen, Ihnen Ihre Kraft zu nehmen, ich will Sie zu ihr hinführen. Wenn es in Ihrem Leben einen Lehrer oder sonst einen Menschen gibt, den Sie zur Autorität erhoben haben, selbst wenn es nur ein Freund ist, hören Sie genau zu und hinterfragen Sie, was er/sie sagt. Vielleicht akzeptieren Sie seine/ihre Feststellungen als Wahrheit. Dann ist es wichtig, sich zu fragen, ob diese Dinge auch *Ihnen* entsprechen oder nur für *den anderen* gelten.

Sich selbst zu lieben heißt,
Schuldvorstellungen aufzugeben.

In dieser Gesellschaft spielt der Schuldbegriff eine sehr große Rolle. Viele zwischenmenschlichen Beziehungen laufen über den Solarplexus, das Machtzentrum, von dem aus versucht wird, den anderen zu überzeugen, zu kontrollieren und zu manipulieren. Sich selbst zu lieben bedeutet, diese Art von Beziehungen aufzugeben. Dazu ist es nötig, die Vorstellung von Schuld loszulassen. Wenn Sie nicht das Spiel Ihrer Umgebung mitspielen, fühlt sich diese vielleicht bedroht. Man erwartet von Ihnen, daß Sie auf eine bestimmte Weise denken und handeln, und damit ihren Vorstellungen gerecht werden. Tun Sie es nicht, versuchen die anderen, durch Schuldgefühle Macht über Sie zu gewinnen. Oft kennen Eltern keine andere Möglichkeit, um die Kontrolle zu bewahren. Sie verwenden Schuld, Zorn und Liebesentzug, um ihre Kinder zu beherrschen. Sobald Sie sich stark fühlen und selbst Herr über Ihr Leben sind, können Sie aus dem Herzen heraus handeln. Aus dem Gefühl mangelnder Kontrolle heraus, glauben Sie vielleicht, Sie müßten manipulieren oder sich auf Machtkämpfe einlassen, um zu erreichen, was Sie wollen. Möglicherweise denken Sie auch, Sie müßten Entschuldigungen für Ihr Verhalten vorbringen oder fromme Lügen erzählen, um die Gefühle anderer nicht zu verletzen.

Solches Handeln zeigt, daß Sie sich selbst nicht lieben. Sie vermitteln statt dessen Ihrem Unterbewußtsein die Botschaft, daß Sie so, wie Sie sind, nicht gut genug seien, um von anderen akzeptiert zu werden. Wenn Sie frei sein wollen, gilt es, auch andere nicht zu manipulieren, sondern ihnen ihre Freiheit zu lassen. Zuerst scheint es vielleicht, als ob Sie ein gewisses Maß an Kontrolle verloren hätten, wenn

Sie anderen das Recht zugestehen, mit ihrem Leben zu tun, was *sie* wollen. Aber dadurch schaffen Sie zwischen sich und anderen eine völlig neue Vertrauensbasis, die ohne den Mut und die Bereitschaft, die Kontrolle aufzugeben, nicht möglich wäre.

Sie können lernen, sich von den Reaktionen anderer sowie von Ihren eigenen Emotionen zu lösen, wenn diese Sie aus Ihrem Zentrum der Ruhe und Klarheit bringen. Sich selbst zu lieben heißt, sich selbst mit Mitgefühl zu begegnen. Durch Ihre Bereitschaft, den anderen zu zeigen, wer Sie wirklich sind, eröffnen Sie ihnen die Möglichkeit, ebenfalls ihr wahres Wesen zu enthüllen. Urteile bilden ein Hindernis für Selbstliebe. Jedesmal, wenn Sie urteilen, trennen Sie sich ab. Wenn Sie sich über jemanden eine Meinung bilden, wie z. B.: «Er/sie ist faul, sieht aus wie ein Versager, ist geschmacklos angezogen...», dann vermitteln Sie Ihrem Unterbewußtsein die Botschaft, daß die Welt ein Ort ist, an dem man besser bestimmte Verhaltensweisen an den Tag legt, wenn man akzeptiert werden will. Durch die Ablehnung anderer Menschen aufgrund dieser Urteile schaffen Sie im eigenen Unterbewußtsein die Bedingung, daß auch Sie selbst nur unter ganz bestimmten Umständen akzeptiert werden. Das führt zu einem inneren Dialog voll ständiger Selbstkritik. Es kann Ihnen auch viele negative Bilder aus Ihrer Umwelt eintragen, denn sobald solche Bilder ausgesandt werden, ist ein Weg entstanden, auf dem sie wieder zu Ihnen zurückkehren können.

Achten Sie auf die Signale, die Sie anderen übermitteln. Akzeptieren Sie andere liebevoll, ohne sie zu kritisieren oder schlecht zu machen? Lächeln Sie ihnen zu? Sind Sie freundlich und erlauben Sie ihnen, mit sich selbst einmal zufrieden zu sein, oder zeigen Sie ihnen keinerlei Anerkennung? Die Annahme des anderen, vielleicht auch nur auf telepathischem Wege (also im Geiste), hilft Ihnen, Ihr

71

Höheres Selbst zu finden. Sie werden feststellen, daß Ihnen andere Menschen ebenfalls mit mehr Liebe begegnen.

Ihre Vorstellungen von der Realität bestimmen, wie Sie die Realität erleben.

Das kann auf ganz subtile Weise geschehen. Wenn Sie glauben, daß Sie so, wie Sie sind, von anderen nicht akzeptiert werden, daß Sie sich anstrengen müssen, um ihnen zu gefallen, werden Sie genau solche Menschen anziehen. Es kann z. B. passieren, daß Ihre Freunde immer, wenn Sie sich treffen, gerade abgespannt und nicht zu geben bereit sind. Gleichgültig, *was* Sie von Ihren Freunden oder anderen Menschen in Ihrem Leben annehmen, Sie werden sie genau auf die erwartete Weise erleben. Wenn Sie sagen: «Dieser Mann begegnet mir mit Wärme und Zuneigung», wird sich auch das in Ihrer Beziehung einstellen. Um eine höhere Form der Selbstliebe entwickeln zu können, stellen Sie einmal fest, was Sie als bestimmend in der Welt ansehen. Gehen Sie davon aus, die Welt sei kalt und lieblos, oder ohne harte Anstrengung könne man nichts erreichen, stehen diese Überzeugungen zwischen Ihnen und der Selbstliebe. Das, was Sie als Wahrheit bezüglich der Realität betrachten, macht Ihren «Glauben» aus. Ihre Feststellung: «Es stimmt, daß die Leute zurücklächeln, wenn ich sie anlächle», kann für Sie eine Realität sein, für andere aber nicht. Aufgrund dieser Annahme wählen Sie vermutlich unbewußt jene Menschen aus, die tatsächlich zurücklächeln. Wenn Sie glauben, daß die Leute nie zurücklächeln, werden Sie automatisch jenen Menschen ein Lächeln schenken, die es nie erwidern.

Wollen Sie eine liebevolle Welt erleben, die Ihr Bild der Selbstliebe bestätigt, achten Sie auf das, was Sie sich selbst über die Welt erzählen. Sie können Ihre Begegnung mit der Welt und anderen verändern, indem Sie Ihre Erwartungen ändern. Der bekannte Satz: «Die Welt ist vielleicht nicht gerecht, aber sie ist genau», sagt schon, daß man das erhält, was man erwartet. Wenn Sie einen Beruf ausüben, von dem Sie «wissen», daß man damit nur schwer Geld verdient und Sie sich sagen: «Nur wenige Leute sind in dieser Branche erfolgreich», werden Sie das als Tatsache verwirklichen. Sie halten eine bestimmte Sicht der Realität aufrecht, und das wird Ihre Erfahrung prägen, nicht nur im Beruf, sondern auch in bezug auf Menschen, die Ihnen in diesem Bereich begegnen. Sie brauchen lediglich Ihre Erwartungen zu ändern, und schon erleben Sie eine ganz andere Welt.

Zur Selbstliebe gehört auch die Fähigkeit zu vergeben. Einige von Ihnen klammern sich an alte Geschichten und fühlen immer wieder denselben Zorn. Vielleicht sind Sie auf sich selbst oder auf jemand anderen wütend, der Sie im Stich gelassen hat. Das höhere Selbst kann vergeben. Alles, was Sie festhalten, z. B. Zorn, eine Verletzung, ein negatives Gefühl gegenüber einem anderen, haftet weiterhin an Ihrer Aura. Die Person, auf die Sie wütend sind, wird beeinträchtigt, aber nicht so stark wie Sie selbst. Alles, was Sie anderen gegenüber mit sich herumtragen, bleibt in Ihrer Aura haften und wirkt als Magnet für Gleichartiges. Es gibt einen ganz einfachen Grund für Vergebung: sie reinigt und heilt die Aura.

Selbstliebe beinhaltet auch Demut, die Äußerung, die aus dem Herzen und nicht aus dem Ego kommt. Demut heißt: «Ich bin offen. Ich bin bereit zuzuhören. Ich kenne vielleicht noch nicht alle Antworten.» Demut ist eine jener Eigenschaften, die Ihnen erlaubt, mehr zu empfangen, denn Demut setzt Offenheit voraus. Sie bedeutet nicht Mangel an Selbstvertrauen, sondern starkes Vertrauen in und festen Glauben an sich selbst.

Nur Menschen, die sich selbst lieben, können Demut zum Ausdruck bringen.

Personen, die besonders arrogant oder selbstbewußt auftreten, mangelt es meist gerade an den Eigenschaften, die sie zu projizieren versuchen. Menschen, die sich selbst lieben, begegnen anderen liebevoll, großzügig und gütig. Sie drücken ihr Selbstvertrauen durch Demut, Vergebung und Rücksichtnahme aus. Wenn Sie Menschen begegnen, die sehr klug erscheinen und trotzdem andere herabsetzen, Freunde zurückweisen und ihnen das Gefühl vermitteln, sich ihrer selbst schämen zu müssen – gleichgültig, wie schön ihre Worte klingen mögen und was sie auch lehren –, Sie können sicher sein, daß sie sich selbst nicht lieben.

Sich selbst zu lieben erfordert, sich zu vertrauen, an sich zu glauben und die Bereitschaft, danach zu handeln. Es genügt nicht, dieses Vertrauen und diesen Glauben zu verspüren. Es muß in der äußeren Welt erfahren werden. Sie sind irdische Wesen. Aus irdischen Dingen, die Ihre innere Schönheit ausdrücken, erwächst Ihnen Freude – ein Garten, Blumen, Bäume, Ihr Haus, das Meer. Sie stellen Belohnungen dar für das Vertrauen in sich selbst, für eine entsprechende Handlungsweise und dafür, daß Sie Ihrem Weg und Ihrer Vision durch Taten gerecht werden. Die eigentliche Herausforderung der Selbstliebe besteht darin, entsprechend zu handeln, sich anderen gegenüber zu behaupten und sich seinen Himmel hier auf Erden zu schaffen.

Es reicht nicht, Liebe zu geben und sie auszustrahlen: Selbstliebe entsteht erst, wenn man auch Liebe empfangen kann. Wenn Sie jemandem mit Liebe begegnen, er sie aber nicht annehmen kann, gibt es keinen Platz, wo die Liebe hinfließen könnte. Mit Ihrer Bereitschaft, die Liebe anderer anzunehmen, erweisen Sie ihnen einen großen Dienst.

Eines der größten Geschenke,
das Sie anderen geben können,
ist die Bereitschaft,
sich ihrer Liebe zu öffnen.

Jede Beziehung zwischen zwei Menschen wird in dem Maße erfolgreich sein, in dem der eine die Liebe des anderen annehmen kann. Selbst wenn Sie hundert Prozent geben, wird das, was Sie geben, um die Hälfte reduziert, wenn der andere nur fünfzig Prozent davon annehmen kann. Und wenn er wiederum nur fünfzig Prozent davon zurückgibt und Sie nur fünfzig Prozent dessen empfangen können, bekommen Sie schließlich nur fünfundzwanzig Prozent zurück usw. In der Folge wird die Liebe, die Sie miteinander teilen können, immer geringer. Um mehr Liebe im Leben zu erfahren, muß man bereit sein, die Gaben anderer, ihre Liebe, Freundschaft und Unterstützung anzunehmen.

Wenn Sie Ihr Höheres Selbst ins tägliche Leben einbringen und Ihre Liebe zu sich selbst stärken möchten, suchen Sie sich eine seelische Eigenschaft aus, und immer, wenn Sie einen Augenblick Zeit haben, denken Sie daran. Solche Eigenschaften können sein: Friede, Wertschätzung, Demut, Harmonie, Freude, Dankbarkeit, Gesundheit, Fülle, Freiheit, Gelassenheit, Stärke, Integrität, Respekt, Würde, Mitgefühl, Vergebung, Wille, Licht, Kreativität, Güte, Weisheit und Liebe. Indem Sie über diese Eigenschaft nachdenken oder auf sie meditieren, magnetisieren Sie Ihre Aura damit, die Eigenschaft verstärkt sich, und Sie werden feststellen, wie sie für andere Menschen erkennbar wird.

Sie sind, was Sie denken. Wenn Sie so jeden Tag eine der Eigenschaften des Höheren Selbst nehmen, darüber nachsinnen und sich mit ihr identifizieren, wird sie in Ihnen lebendig werden.

Selbstliebe bedeutet weiter, das Selbst zu achten und auf ein höheres Ziel hin zu leben. Wenn Sie sich selbst für wertvoll halten und Ihre Zeit, Ihre Liebe und Ihre Vision schätzen, werden dies die anderen ebenfalls tun. Fragen Sie sich vor jeder Begegnung mit Ihren Freunden, was Sie gemeinsam als höchstes Ziel erreichen können. Sind Sie schon einmal bei jemandem zu Besuch gewesen und wollten eigentlich längst gehen, haben aber gezögert, weil Sie seine Gefühle nicht verletzen wollten? Falls das zutrifft, schätzen Sie den anderen mehr als sich selbst. Damit teilen Sie ihm telepathisch mit, daß er weder Ihre Zeit noch Sie selber zu respektieren braucht, und es wäre nicht erstaunlich, wenn er Sie nach einiger Zeit als Selbstverständlichkeit betrachtet. Jedesmal, wenn Sie sich selbst Wertschätzung und Respekt entgegenbringen, offen darüber sprechen, wer Sie sind und entsprechend handeln, fördern Sie nicht nur sich selbst, sondern Sie helfen durch Ihr Beispiel auch anderen. Die Unfähigkeit, «nein» sagen zu können, spiegelt eine Weltanschauung wider, die besagt, daß die Gefühle anderer wichtiger sind als Ihre eigenen und daß deren Rechte bedeutsamer sind und an erster Stelle stehen. Dadurch schaffen Sie in Ihrem Inneren Energieblockaden, stauen Groll, Ärger und Verletztheit auf, die dann an Ihrer Aura haften und noch mehr Gleichartiges anziehen.

Selbstliebe entwickelt sich aus dem Herzen heraus, indem man sanft und aus bedingungsloser Liebe handelt.

Manch einer glaubt, Selbstliebe bedeute, aus einer Machtposition heraus zu agieren und den Willen auf aggressive Weise einzusetzen, wobei die Rechte anderer mißachtet werden. Sie sind sicherlich schon Menschen begegnet, die ihren Willen durchsetzen und sich über die Auswirkung auf andere keine Gedanken machen. Das nennt man rücksichtslos. Aber oft handeln Sie sich selbst gegenüber auf dieselbe aggressive Weise, wo ein Teil von Ihnen alle anderen Teile beherrscht und kontrolliert.

Manchmal scheint der Wille ein Feind zu sein, der versucht, einen zu lenken und zu gewissen Dingen zu veranlassen oder zu zwingen. Man fühlt sich wie von Eltern überwacht. Und was die Sache noch verschlimmert – vielleicht glauben Sie, die Dinge, die er Ihnen aufzuzwingen versucht, dienten Ihrem höchsten Wohl. Vielleicht schimpfen Sie sich ständig selbst aus, weil Sie Ihre Zeit nicht besser einteilen oder etwas immer wieder aufschieben. Sie machen sich eine endlose Liste von Dingen, die Sie vorhaben, und fühlen sich dann schlecht, wenn sie nicht erledigt werden. Das bedeutet, dem Willen recht zu geben und dem anderen Selbst, das sich der Lenkung durch den Willen widersetzt, unrecht. In diesem Fall verwenden Sie Ihren Willen gegen sich selbst. Möglicherweise hat Ihr Höheres Selbst diese Widerstände geschaffen, um Sie vor gewissen Dingen zu bewahren und Sie in eine andere Richtung zu weisen.

In Verbindung mit dem Herzen kann der Wille Ihnen helfen, dem Weg, den Sie möchten, zu folgen. Er kann Ihre Liebe zu sich selbst unterstützen und sie vergrößern. Der Wille lenkt die Konzentrationsfähigkeit. Wird er für Dinge eingesetzt, die man gerne tut, schafft er unbegrenzte Möglichkeiten, und man kann über jede Beschränkung hinausgehen. Haben Sie bemerkt, daß Sie stundenlang ohne Ablenkung an einer Sache arbeiten können, wenn Sie etwas wirklich gerne tun, z. B. wenn Sie Ihrem liebsten Hobby nachgehen? Die Kraft des Willens ähnelt einem Fluß, wo Sie entweder mit der Strömung schwimmen oder gegen sie ankämpfen können. Sie können Ihren Willen einsetzen, um sich Ihrem höheren Ziel näherzubringen oder um sich für scheinbare Vergehen immer wieder zu bestrafen. Welches System motiviert Sie? Hilft Ihnen der Wille, Ihre Selbstliebe zu stärken, indem er Ihre Aufmerksamkeit auf den Weg mit den höheren Zielen lenkt und die Motivation für entsprechende Handlungen schafft?

Und nicht zuletzt – nehmen Sie sich selbst nicht so ernst!

Lachen Sie, spielen Sie! Wenn einmal etwas mißlingt, ist das noch nicht der Weltuntergang. Die Gabe des Humors ist vielleicht eines der wichtigsten Tore zur Selbstliebe. Die Fähigkeit zu lachen, anderen ein Lächeln zu schenken und die Probleme aus der richtigen Perspektive zu betrachten, ist schon ein bedeutender Fortschritt. Menschen, die ihre Selbstliebe schon weit entwickelt haben, sind meist humorvoll, verfügen über sehr viel Witz und haben Spaß daran, die kindliche Verspieltheit in anderen wachzurufen. Sie sind offen für Spontaneität, finden immer einen Grund, um zu lächeln und können anderen Unbeschwertheit und Fröhlichkeit vermitteln.

Wenn Sie in der kommenden Woche die Personen in Ihrer Umgebung betrachten (und tun Sie es, ohne zu urteilen), fragen Sie sich, ob diese Menschen sich selbst lieben. Tauchen Schwierigkeiten auf, sehen Sie sich den Problemkreis genauer an und stellen Sie fest, ob diese Menschen sich in dem betreffenden Bereich selbst lieben. Senden Sie ihnen Ihr Mitgefühl, das sie beliebig für ihr höheres Wohl verwenden können, und freuen Sie sich an der ausgesandten Liebe, wie sie zu Ihnen zurückkehrt und Ihrem eigenen höchsten Wohl zugute kommt.

Die Kunst, sich selbst zu lieben

Übungsbogen

1) Woran würden Sie erkennen, ob Sie sich selbst gegenüber liebevoll sind?

2) Wie würde der morgige Tag aussehen, wenn alles, was Sie täten, ein Akt der Selbstliebe wäre?

3) Wie würden Sie handeln, wenn Sie in folgenden Bereichen liebevoll mit sich selbst umgingen: Ihr physischer Körper, Ihre Partnerschaft, Ihre Arbeit bzw. Karriere?

4) Was würden Sie morgen aus Liebe zu sich selbst in Ihrer Partnerschaft, bei der Arbeit oder für Ihren physischen Körper tun? Schreiben Sie für jeden dieser Bereiche drei bestimmte Dinge auf, die Sie tun könnten.

VI
Selbstachtung,
Selbstwertschätzung,
Selbstwürdigung

Die Dinge, die das Selbstwertgefühl bestimmen, sind von Mensch zu Mensch verschieden. Was Sie benötigen, muß nicht unbedingt für einen anderen notwendig sein. Finden Sie heraus, was Ihnen Selbstwertgefühl und Vertrauen zu sich gibt, so daß Sie mit sich selbst glücklich sein können. Selbstachtung auf höchster Ebene ergibt sich daraus, daß Sie Ihre Seele respektieren. Das heißt, von einer Ebene der Integrität und Ehrlichkeit aus zu sprechen und zu handeln, die Ihr Höheres Selbst reflektiert. Es bedeutet, für das, woran Sie glauben, einzustehen (Sie brauchen jedoch niemand anderen davon zu überzeugen, daran zu glauben) und auf eine Weise zu handeln, die Ihre Werte widerspiegelt. Viele von Ihnen kritisieren andere, weil sie nicht bestimmten Wertmaßstäben entsprechen, die sie für richtig halten, aber bei genauerer Betrachtung erkennen Sie vielleicht, daß Sie selbst nicht demgemäß leben. Sie sind sicherlich schon Leuten begegnet, die jedem ununterbrochen erklären, was er zu tun habe, selber aber nur so handeln, wie es ihnen gerade beliebt. Selbstachtung bedeutet, Ihren Werten und Ihrer Geisteshaltung gemäß zu handeln.

Viele von Ihnen haben Wertmaßstäbe, an die sie angeblich glauben. Aber ihr Handeln entspricht einem ganz anderen Wertesystem. Das führt zu ausgeprägten inneren Konflikten. Vielleicht glauben Sie z. B. tief in Ihrem Inneren an die Monogamie, während Ihr momentaner Partner aber eine offene Beziehung wünscht. Sie beschließen, darauf einzugehen, weil Sie diesen Partner behalten möchten. Sie glauben zwar an bestimmte Werte, leben aber nach einem anderen System, und daraus können sehr viele Konflikte und sogar großer Schmerz entstehen.

Wie können Sie feststellen, ob die Werte, die Sie für die eigenen halten, auch tatsächlich die Ihren sind? Meist wird das erst erkennbar, indem man es ausprobiert. Vielleicht denken Sie, ein ordentlicher Mensch stehe morgens früh auf, schlafen aber selbst immer länger. Viele von Ihnen haben Wertmaßstäbe, von denen sie glauben, ihnen folgen zu müssen, es aber nicht tun. Am besten, Sie probieren es einmal aus – stehen Sie eine Zeitlang früh morgens auf. Oft erweisen sich die Dinge, die Sie für Ihre eigenen Werte halten, als ein «Sollen», das Sie von anderen übernommen haben, und wenn Sie dann wirklich so leben, funktioniert es nicht für Sie. Fragen Sie sich selbst, was Ihnen wertvoll ist. Was glauben Sie, was *gute* Menschen tun? Folgen Sie diesen Werten? Es ist schwer, mit sich zufrieden zu sein, wenn man auf eine Weise lebt, die den eigenen grundlegenden Werten widerspricht. Es ist also wichtig, Ihre Werte zu untersuchen und ihnen gemäß zu leben oder sie entsprechend zu verändern.

Selbstachtung bedeutet,
daß Sie aus Ihrer Stärke
und nicht aus Ihrer Schwäche
heraus handeln.

Wenn Sie sich beklagen, daß Sie jemand oder etwas traurig oder wütend macht, fragen Sie sich: «Warum entscheide ich mich dafür, so zu fühlen oder auf diese Weise zu reagieren?» Wenn Sie anderen die Schuld zuschieben, wird Sie das immer selbst schwächen. Gelingt es Ihnen herauszufinden, warum Sie sich durch die Handlungen anderer verletzen lassen, werden Sie viel über sich selbst erfahren. Einige von Ihnen befürchten, den anderen zu verlieren, wenn sie sich ihm gegenüber durchsetzen. Manche Leute sind ziemlich geschickt darin, einen davon zu überzeugen, daß man im Unrecht ist, wenn man für seine Ansichten einsteht. Danken Sie ihnen im stillen für die Chance, die Sie ihnen bieten, um stärker zu werden, denn Stärke entwickelt sich oft angesichts von Opposition. Selbstachtung bedeutet, für Ihre innerste Wahrheit einzustehen und um Ihre tiefsten Gefühle Bescheid zu wissen. Es bedeutet auch, sich selbst und keinen anderen zur Autorität über die eigenen Gefühle zu machen.

Einige von Ihnen leben oder verkehren mit Leuten, die Sie herabsetzen und Ihnen ein schlechtes Selbstbild vermitteln. Sie können sich schließlich so sehr auf die Gefühle der anderen konzentrieren, daß Sie die eigenen aus den Augen verlieren. Eine Frau war z. B. mit einem Mann verheiratet, der ihr ständig erklärte, daß sie alles falsch mache, und der viele ihrer Handlungen kritisierte. Sie konzentrierte sich so sehr auf seine Gefühle, daß sie sich in all den Jahren ihres Zusammenlebens nie fragte, was *sie* denn dabei empfand, wenn er sie so behandelte. Sie strengte sich immer sehr an, ihm zu gefallen und seine Launen und Grillen zu erahnen, damit er sie nicht zurechtweisen würde. Und doch endeten all ihre Bemühungen damit, daß er wütend auf sie wurde. Allmählich meinte sie, sie hätte versagt oder wäre in gewissem Sinne ein schlechter Mensch. Sie verbrachte so viel Zeit damit, seine Gefühle zu analysieren, daß sie den Kontakt zu ihren eigenen verlor. Viele von Ihnen versuchen, anderen

84

zu gefallen, und dabei konzentrieren Sie sich mehr auf das, was die anderen fühlen, anstatt auf die eigenen Empfindungen zu achten.

Selbstwürdigung bedeutet, auf die eigenen Gefühle zu achten. Sie brauchen nicht zu begründen, warum Sie sich für eine bestimmte Handlungsweise entscheiden. Sie brauchen Ihren Wert niemandem zu beweisen. Achten Sie Ihre eigenen Gefühle. Sie brauchen sie nicht zu analysieren und in Frage zu stellen. Überprüfen Sie sich nicht ständig mit der Frage: «Habe ich wirklich einen Grund, mich verletzt zu fühlen?» Halten Sie Ihre Gefühle für richtig und respektieren Sie sie entsprechend. Viele von Ihnen machen andere Menschen zur Autorität über sich selbst. Wenn man ihnen erzählt, sie seien schlecht, glauben sie es. Wenn man ihnen erzählt, es sei alles ihre Schuld, glauben sie es. Ich will damit nicht sagen, Sie sollten die Aussagen anderer Leute ignorieren, aber respektieren Sie, was *Sie* in dieser Angelegenheit fühlen. Für konstruktive Kritik offen zu sein, ist eine Sache, aber sich ständig zu bemühen, den Wünschen anderer gerecht zu werden, ist etwas anderes. Wollen Sie Selbstwertschätzung und Selbstwürdigung in sich entwickeln, gilt es, Ihre eigenen Gefühle, Ihren Weg und Ihre Zielsetzung zu achten. Es bedeutet, sich selbst in seinen Worten, Handlungen und seinem Vorgehen zu achten.

Selbstwertschätzung heißt, an sich selbst zu glauben, in dem Wissen, daß Sie Ihr Bestes getan haben, auch wenn Ihnen zwei Tage später eine bessere Lösungsmöglichkeit eingefallen ist. Es bedeutet, sich selbst nicht so oft mit Mißbilligung zu begegnen und sich als der, der man ist, wohlzufühlen. Einige von Ihnen bemühen sich ständig, treiben sich selbst an und hasten hierhin und dorthin, immer in dem Gefühl, es sei nie genug, was sie auch tun mögen. Sich anzustrengen und hart zu arbeiten, um die Dinge zu erledigen, führt nicht unbedingt auf den Weg der Freude. Schätzen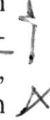

Sie sich selbst, indem Sie Ihrem inneren Fluß folgen. Ruhen Sie sich aus, spielen Sie, denken Sie nach und nehmen Sie sich Zeit, in die Stille zu gehen. Wenn Sie Dinge tun, die Sie fördern, ist das eine Möglichkeit, Ihre Selbstwertschätzung zu stärken.

So wie Sie mit sich selbst umgehen,
werden auch andere mit Ihnen umgehen.

Warten Sie nicht darauf, daß Sie von seiten anderer geachtet oder besser behandelt werden. Das wird erst geschehen, wenn Sie sich selbst mit Respekt begegnen. Sie brauchen sich nicht mit Leuten abzugeben, die Sie nicht achten, die Sie unhöflich oder schlecht behandeln. Wenn Sie mit dieser Art von Menschen zu tun haben, bewahren Sie Ihre Würde und bedenken Sie, daß man Ihnen so achtlos gegenübertritt, weil Sie sich selbst nicht achten. Sie können eine telepathische Botschaft aussenden, wie Sie behandelt werden möchten. Solche Menschen werden Sie sonst nur ausnützen oder als Selbstverständlichkeit betrachten, wenn Sie das zulassen würden.

Sie brauchen weder wütend zu werden noch Ihr Recht zu fordern. Das führt lediglich zu Machtkämpfen. Bewahren Sie sich ein offenes Herz. Wahrscheinlich sind diese Menschen nicht imstande, ihr eigenes Höheres Selbst zu erkennen, und daher können sie das Ihre nicht achten. Ihre Selbstwertschätzung sollte nicht davon abhängig sein, wie Sie von anderen gesehen oder behandelt werden. Gleichgültig, wie sehr Sie sich selbst schätzen, es wird immer Menschen geben, die Ihnen respektlos begegnen, weil sie nicht gelernt haben, sich selbst liebevoll zu behandeln. Die Beziehungen, die Sie zu anderen aufbauen, können nur so gut sein, wie die Beziehung, die Sie zu sich selbst entwickelt haben. Wenn andere nicht imstande sind, sich selbst zu lieben, ist das auch eine Begrenzung für das Maß an Zuneigung, das sie Ihnen entgegenbringen können. Gleichgültig, wie sehr Sie sich bemühen und wieviel Freundlichkeit Sie an den Tag legen, sie können Ihnen die Liebe, die Sie suchen, nicht geben. Vergebung ist der Schlüssel, um mit  der Handlungsweise anderer zurechtzukommen. Und dann lassen Sie jeglichen Zorn, den Sie vielleicht empfunden haben, einfach los und konzentrieren Ihre Aufmerksamkeit auf andere Dinge.

Einige von Ihnen sind der Ansicht, Ihre Eltern seien für Ihren Mangel an Selbstwertgefühl verantwortlich. Sie können das nicht Ihren Eltern zuschieben, denn Ihre Reaktion auf sie hat erst diesen Mangel an Vertrauen geschaffen. Zwei  verschiedene Kinder haben vielleicht gleichermaßen negative oder gewalttätige Eltern, und das eine wird aufwachsen und mit sich selbst zufrieden sein, das andere nicht. *Sie* treffen die Entscheidung, sich schlecht zu fühlen. Anstatt sich aufgrund Ihrer Kindheit leid zu tun oder sich als Opfer Ihrer Erziehung zu sehen, können Sie erkennen, daß diese Situation Ihre Entscheidung war, um etwas zu lernen, das Ihrem seelischen Wachstum zugute kommen würde. Vielleicht behaupten Sie: «Ich habe ein Verhaltensmuster, das besagt, daß mich Männer mißbrauchen, weil mich mein Vater mißbraucht hat.» Sie sind auf die Erde gekommen, um etwas über die Liebe zu erfahren, und wenn Sie es von Ihrem Vater nicht gelernt haben, werden Sie Männer mit ähnlichem Verhalten wählen, damit Sie begreifen, was noch zu lernen ist. Sie haben z. B. Ihren Vater als grob empfunden und stellen fest, daß Sie denselben Typus Mann anziehen, bis Sie eines Tages den Entschluß fassen, sich nicht mehr so behandeln zu lassen. Vielleicht besteht eine der Lektionen in Ihrem jetzigen Leben darin, sich selbst lieben und respektieren zu lernen, also haben Sie eine Situation geschaffen, die Ihnen in diesem Sinne eine Herausforderung bietet. Sobald Sie sich entscheiden, das auch tatsächlich zu tun, löst sich das Muster auf.

Jede Situation in Ihrem Leben ist eine von Ihrer Seele geschaffene Lernerfahrung, um Ihnen zu zeigen, wie Sie mehr Liebe und Kraft entwickeln können.

Kinder reagieren auf dieselbe Erziehung auf unterschiedliche Weise, was sich feststellen läßt, wenn Sie beobachten, wie verschieden Geschwister sein können, obwohl sie dieselben Eltern haben. Manche Kinder reagieren auf die negative Energie in ihrer Umgebung, indem sie liebevoll und sanft werden. Andere sind so sensibel, daß sie die Empfindung dieser negativen Energie nicht ertragen können und den Teil in ihnen, der fühlt, völlig verschließen. Wieder andere reagieren mit dem Gefühl, daß sie hart bleiben müssen und setzen nach außen hin die Maske der Unverwundbarkeit auf. Selbstwertgefühl entsteht durch die Bereitschaft, anzuerkennen, wer man ist, und sich selbst so zu lieben, wie man gerade ist. Es ist schwierig, sich zu verändern, wenn man nicht akzeptiert, wer man ist. Sobald Sie sich und Ihre Gefühle achten, können Sie nicht von anderen beeinträchtigt werden.

Sie sind ein wertvolles Wesen, gleichgültig, wie Ihre Vergangenheit aussieht, was Sie denken oder wer an Sie glaubt. Sie sind das Leben selbst, das wächst, sich ausdehnt und nach oben drängt. Alle Menschen sind wertvoll, schön und einzigartig. Jede Ihrer Erfahrungen hat dazu gedient,

Sie mehr darüber zu lehren, wie Sie Liebe in Ihr Leben bringen können.

Es gibt nur eine sehr feine Unterscheidungslinie zwischen Selbstachtung und Selbstsucht. Manche von Ihnen meinen, es sei gerechtfertigt, auf andere wütend zu werden, weil man verletzt worden ist. Respektieren Sie die Gefühle der anderen, aber auf eine Weise, die auch Ihre eigenen Empfindungen in Betracht zieht. Um das zu erreichen, gilt es, von einer höheren Ebene des Denkens und Sprechens auszugehen. Wenn Sie von Ihrem Zorn ausgehen und schreien und brüllen, führt das zum Machtkampf mit dem anderen, und die Herzen beider verschließen sich. Falls jemand etwas tut, was Ihnen mißfällt, öffnen Sie Ihr Herz, bevor Sie sprechen. Bieten Sie Ihre Äußerung als etwas an, was Sie empfinden, und nicht unbedingt als etwas, was der andere getan hat. Sie können sagen: «Ich fühle mich getroffen», anstatt zu behaupten: «*Du* hast mir weh getan.» Eine kraftvolle Form, das festzustellen, wäre: «Ich habe mich entschieden, mich verletzt zu fühlen.» Sie suchen sich jedes Ihrer Gefühle selbst aus.

Selbstwürdigung heißt,
zu wissen, daß man all seine Gefühle
immer selbst wählt.

Wenn Sie mit anderen Menschen auf eine Weise kommunizieren, die ihr inneres Wesen achtet, sind Sie auch mit sich selbst eher in Harmonie. Vielleicht haben Sie bemerkt, daß Sie sich oft schlechter fühlen, wenn Sie Ihrem Zorn oder Ihrer Verletztheit einfach nur Luft gemacht haben. Zumindest bleibt ein Gefühl der Unzulänglichkeit zurück. Sie können eine Situation nur durch Liebe wirklich bereinigen.

Angelegenheiten, in denen Sie mit Zorn reagiert haben, müssen in der Zukunft noch gelöst werden. Vielleicht handelt es sich nicht um dieselbe Person, aber Sie werden mit einem anderen Menschen eine ähnliche Situation schaffen, damit Sie die Sache in Liebe und Frieden abschließen können.

Es ist wichtig, andere zu achten. Wenn Sie den Eindruck haben, von anderen nicht geschätzt zu werden, haben Sie sich vielleicht in diese Lage begeben, um zu lernen, wie Sie im Umgang mit anderen Menschen Mitgefühl und Sanftmut entwickeln können. Für die Gefühle anderer Leute empfänglich zu sein, heißt nicht, ihnen gefallen zu wollen. Seien Sie bereit, ihre Bedürfnisse und Sehnsüchte zu erkennen. Sind Sie im Gespräch mit anderen kurz angebunden, ohne auf ihre Gefühle zu achten? Sprechen Sie in verärgertem, gereiztem Ton mit ihnen? Beobachten Sie, welche Energien Sie an andere weitergeben, denn Sie werden genau das zurückbekommen, was Sie selbst ausstrahlen. Machen Sie sich Ihre Wirkung auf andere Menschen deutlicher bewußt, denn je mehr Respekt Sie ihnen entgegenbringen, um so mehr Achtung werden Sie selbst erfahren. Begegnen Sie ihnen mit Wertschätzung, achten Sie ihre Zeit und ihre Werte, und man wird die Ihren respektieren.

Manche Menschen begegnen anderen immer respektvoll. Trotzdem fühlen sie, daß sie das, was sie geben, nicht zurückerhalten. Hier liegt es oft daran, daß sie glauben, keine gute Behandlung verdient zu haben. Daher gestatten sie es anderen, sie als Selbstverständlichkeit zu betrachten. Es ist leicht, sich selbst zu respektieren, wenn man von seiner Umgebung Achtung erfährt. Die Herausforderung besteht darin, sich selbst zu schätzen, wenn von seiten der anderen keine Achtung gezeigt wird. Vergeben Sie ihnen und lassen Sie jegliches Bedürfnis nach Anerkennung los. Wenn Sie die Wertschätzung anderer benötigen, um sich selbst zu akzeptieren, geben Sie Ihre Kraft ab. Es ist angenehm, wenn andere an Sie glauben, Ihnen vertrauen und Sie unterstützen. Wollen Sie aber Ihre Kraft entwickeln, ist es wichtig, nicht andere Menschen als Vorbedingung dafür zu benötigen, daß Sie an sich selbst glauben können. Das ständige Bedürfnis nach Anerkennung macht nur andere anstelle Ihres eigenen wahren Selbst zur Autorität. Ihre Wahrheit entspricht vielleicht nicht der Wahrheit anderer. Das einzige Unrecht besteht darin, Ihre eigene Wahrheit nicht zu achten und die Wahrheit anderer anzunehmen, auch wenn sie für Sie keine Gültigkeit besitzt. Manche Menschen glauben an die Reinkarnation, andere wieder nicht. Möglicherweise erleichtert ihnen der Glaube an die Reinkarnation das Leben und sie genießen es mehr. Oder der Glaube, es gebe keine weiteren Leben mehr, läßt dieses eine daher wichtiger und realer erscheinen. Gleichgültig woran Sie glauben, es ist wichtig, die Wahrheit der anderen zu achten und auch für eine neue Betrachtungsweise offen zu sein, die Ihr Leben mit mehr Freude erfüllen könnte. Akzeptieren Sie etwas nicht automatisch, außer es klingt tatsächlich richtig für Sie. Respektieren Sie Ihre Wahrheit, glauben Sie an sich und stehen Sie für sich ein, aber entwickeln Sie auch Verständnis für andere.

Vergessen Sie nicht, daß es auf Sie ankommt, daß Sie wichtig sind und einen einzigartigen, besonderen Beitrag zu dieser Welt leisten können. Fühlen Sie die Besonderheit Ihres Wesens. Ihre Träume, Phantasien und Ziele sind genauso wichtig wie die jedes anderen.

Selbstachtung, Selbstwertschätzung, Selbstwürdigung

Übungsbogen

1) Denken Sie an ein Verhaltensmuster, das Sie immer wieder mit anderen zu erleben scheinen. Schreiben Sie es hier auf:

2) Gehen Sie in die Stille, entspannen Sie sich und fühlen Sie Ihr Inneres. Bitten Sie Ihr tieferes, weises Selbst, Ihnen zu zeigen, was Sie daraus lernen. Auf welche Weise lehrt Sie diese Erfahrung, sich selbst mehr zu respektieren und zu lieben?

3) Welche seelischen Eigenschaften entwickeln Sie aufgrund dieser Situation? Z. B. Mitgefühl, Ehrlichkeit, die innerste Wahrheit auszusprechen, Friede, Selbstliebe, Demut, liebevoller Umgang mit anderen, die Verantwortung für die eigenen Handlungen übernehmen etc.

VII
Läuterung des Ego –
Erkennen, wer man ist

Es ist wichtig zu erkennen, wer man ist, ohne zu großen Egoismus oder zu falsche Bescheidenheit. Es geht um das zwiespältige Problem, all das zu sein, was man sein kann. Viele von Ihnen haben keine Vorstellung von der Kraft entwickelt, die sie gerne anstreben würden. Zahlreiche Vorstellungen und Vorbilder von starken Persönlichkeiten gehen auf Menschen zurück, die ihren Einfluß mißbraucht oder nachteilig eingesetzt haben. Daher haben viele von Ihnen den Einsatz Ihrer Kraft unterdrückt, weil die entsprechenden Bilder negativ belegt sind.

Es ist wichtig, positive Vorstellungen
von Kraft zu entwickeln.

Viele von Ihnen befinden sich schon auf einer hohen Entwicklungsstufe, besitzen viel Einsicht und Weisheit und suchen nach Möglichkeiten, dies in der äußeren Welt auszudrücken. Lernen Sie zu unterscheiden, welche Menschen tatsächlich von Licht erfüllt sind und Einfluß nehmen können, und welche nur das Gewand der Kraft tragen. Diese Fähigkeit wird Ihnen auf dem Weg der Freude weiterhelfen, denn dadurch können Sie auch das Edle in sich erkennen. Denken Sie jetzt an eine Person, die Ihrer Ansicht nach Kraft besitzt, gleichgültig ob Mann oder Frau. Was bewundern Sie an diesem Menschen? Jeder von Ihnen kennt Leute, die über starke Autorität verfügen, und doch fühlt er sich in Gegenwart dieser Menschen geringgeschätzt, ignoriert oder herabgesetzt. Ich spreche von jenen Menschen, die sich in einer beherrschenden Machtposition zu befinden scheinen und von vielen Leuten umgeben sind. Ich behaupte, wahre Kraft besteht in der Fähigkeit, Menschen zu motivieren, zu lieben, zu ermutigen und ihnen zu helfen, zu entdecken, wer sie sind.

Jetzt denken Sie an Menschen, von denen Sie wissen, daß sie Ihr Leben verändert haben. Durch diese Begegnung haben Sie Inspiration und Erweiterung erfahren. Erinnern Sie sich daran, wie sie ihren Einfluß verwendet haben. Es ist wichtig, vom Licht erfüllte Menschen zu erkennen, denn sie erscheinen in unterschiedlicher Form und Gewandung. Und es ist Zeit, sich jener Leute bewußt zu werden, die Sie nicht auf den Weg des Lichts und der Liebe führen. Wenn Sie genau jene Menschen erkennen können, denen Ihr höchstes Wohl am Herzen liegt, und deren Gesellschaft suchen, werden Sie schneller wachsen und anderen mehr geben können.

Hochentwickelte Menschen haben ein sehr sanftmütiges Wesen. Manche dieser hoch entwickelten Seelen erkennen sich selbst noch nicht und sind vielleicht zu bescheiden. Sie sind meist hilfsbereit, großzügig und freundlich. Es hat den Anschein, als könnten sie gar nicht genug für einen anderen Menschen tun. Ich spreche von einer bestimmten Entwicklungsstufe, auf der die Persönlichkeit den Entwicklungsstand der Seele noch nicht kennt. Viele von Ihnen sind bescheiden, tragen immer noch das Gewand des Selbstzweifels und fragen sich, wer sie sind. All jene, die Sie so gütig und liebevoll sind: Sie haben der Welt so vieles zu schenken. Es ist wichtig, daß Sie Ihren Schleier abnehmen, denn er hindert Sie, in größerem Ausmaß zu dienen. Wenn Sie Ihren Zweifeln und Ängsten Aufmerksamkeit schenken, auf die kleinmütige Stimme hören, die da sagt: «Du bist nicht gut genug», geben Sie lediglich Ihrem niederen Selbst nach. Richten Sie Ihre Aufmerksamkeit auf etwas anderes aus.

Schenken Sie Ihrer höheren Natur
Aufmerksamkeit, und der niedrigere
Teil in Ihnen wird aus Mangel an
Aufmerksamkeit sterben.

Sie brauchen nicht auf jene Stimmen in sich zu hören, die Schmerz verursachen und Ihnen das Gefühl vermitteln, weniger kompetent, klug oder befähigt zu sein. Sie können einfach so vorgehen, als wäre dieser Teil von Ihnen ein kleines Kind. Halten Sie es, beruhigen Sie es und gehen Sie dann weiter. Vermeiden Sie, diesen Stimmen zuviel Aufmerksamkeit zu schenken, und glauben Sie vor allem nicht, Sie *seien* diese Stimmen. Lernen Sie, nicht auf diese kleinmütigen Stimmen in Ihnen zu horchen, die Ihnen einreden wollen, Sie besäßen keine Größe.

Der grundlegend edle Teil Ihrer Seele strebt danach, sich in Ihren Handlungen auszudrücken. Welche Eigenschaften oder Charakterzüge würden Sie gerne entwickeln? Welche Charakterzüge, mit denen Sie zufrieden sind, besitzen Sie bereits? Erkennen Sie, daß Sie über all die Eigenschaften, die Sie sich wünschen, bereits verfügen. Sie suchen nur nach einer erweiterten Ausdrucksmöglichkeit für sie in Ihrem Leben. Die Trennlinie zwischen Egoismus und Bescheidenheit ist nur sehr dünn. Wenn Sie sich an diese Linie halten, wird der Ausdruck Ihrer Kraft im Gleichgewicht bleiben. Brüsten Sie sich gerne vor anderen? Gehen Sie mit dem Bedürfnis umher, allen zu erzählen, was Sie Großartiges geleistet haben? Oder können Sie anderen zuhören, ohne die eigenen Leistungen zu erwähnen? Die Neigung, seine eigenen Leistungen zu sehr zu betonen oder zu übertreiben, kann Probleme verursachen. Ertappen Sie sich dabei, wie Sie bestimmte Worte einüben, um jemandem über etwas Besonderes, das Ihnen gelungen ist, zu erzählen? Es ist ein Unterschied, ob Sie aus Vertrauen oder aus Egoismus handeln.

Durch das Gefühl, etwas Großes, Ungewöhnliches getan zu haben oder es gerade zu tun, teilen Sie auch Ihrem Unterbewußtsein mit, daß dies keine gewöhnliche Leistung ist/war. Möchten Sie mehr solcher Leistungen in Ihr Leben bringen, nehmen Sie es auf die leichte Schulter, sobald es geschehen ist. Freuen Sie sich, aber geben Sie sich den Anschein, als wäre es etwas Alltägliches. Sie beschließen z. B. eine Diät zu machen. Nach ein oder zwei erfolgreichen Tagen können Sie sich bestätigen, wie großartig Sie das bewältigt haben. Damit sagen Sie Ihrem Unterbewußtsein, daß dies kein alltägliches, sondern ein außergewöhnliches Ereignis ist. Wenn Sie Ihre Ernährungsgewohnheiten ändern wollen und ein oder zwei Tage gesund gegessen haben, betrachten Sie das nicht schon als große Tat, sondern als etwas ganz Normales. Nehmen Sie es leicht. Dadurch werden Sie die gesunde Ernährungsweise als eine Ihrer üblichen Lebensgewohnheiten ansehen können. Später aber, wenn sie tatsächlich fester Bestandteil Ihres Lebens geworden ist, erlauben Sie sich die Freude über die Veränderung.

Es gibt auch Zeiten, in denen Sie sich selbst wesentlich mehr loben sollten, als Sie es meist tun. Das ist die Kehrseite der Medaille – nicht zu viel Egoismus, sondern zu wenig. Manche von Ihnen erreichen ihre Ziele und nehmen sich nie Zeit, um das selbst einmal anzuerkennen und sich daran zu freuen. Sie konzentrieren sich nur auf das Nächste, das es zu tun gilt. Es wird Ihnen nicht ausreichend bewußt, was sie erreicht haben, und sie gestatten sich selbst keine Anerkennung für ihre Leistungen.

Es ist wichtig, darauf zu achten, wieviel Aufmerksamkeit Sie dem schenken, was Sie nicht sind. Vielleicht sagen Sie sich: «Ich sollte dies oder jenes tun. Warum bin ich immer so desorganisiert, so unkonzentriert?» Beachten Sie, daß Sie den Mangel in sich hervorbringen, wenn Sie ständig denken, es mangle Ihnen an bestimmten Eigenschaften.

Sie bringen genau jene Dinge hervor, auf die Sie Ihre Aufmerksamkeit lenken.

Wenn Sie Ihre Zeit damit verbringen, sich wegen einer bestimmten Handlung böse zu sein, mit dem Gedanken, Sie seien schwach gewesen, hätten nicht das Richtige gesagt oder getan, oder wenn Sie sich auf all das konzentrieren, was Sie nicht sind, dann gewinnen diese Dinge noch mehr Macht über Sie.

Erkennen Sie statt dessen die Eigenschaften an, die Sie besitzen. Überlegen Sie, was Sie noch entwickeln möchten und erinnern Sie sich an die Momente, in denen Sie diese Eigenschaften bereits gezeigt haben. Je mehr Sie das in sich entdecken, was Sie entwickeln möchten, um so mehr werden Sie tatsächlich dazu. Wenn Sie sich sagen: «Ich habe keine Willenskraft. Ich werde es nie schaffen», dann projizieren Sie diese Energie auf die Zukunft. Beginnen Sie aber, sich zu sagen: «Ich finde die Art, wie ich mit Menschen umgehe, gut. Ich habe sehr viel Willenskraft und bin sehr gesammelt», werden Sie erleben, wie eine neue Energie aus Ihrem Inneren aufsteigt. Sie können dann allmählich feststellen, wie Sie zu dieser Eigenschaft werden. Jedesmal, wenn Sie ein negatives Bild von sich selbst formen und sich etwa sagen: «Ich kann meine Angelegenheiten nie erledigen, ich habe nicht genug Zeit», senden Sie ein Bild an die Welt aus, verbreiten diese Qualität und schaffen genau diese Situation in Ihrem Leben. Sprechen Sie aber auf positive Weise mit sich selbst, werden Sie diese positiven Dinge hervorbringen.

Erleuchtete, hoch entwickelte Seelen wissen, wie sie ihre Größe und Kraft zeigen können und dabei keinen Verteidigungsmechanismus, sondern Hingabe auslösen. Wünschen Sie, von anderen respektiert zu werden, daß andere zu Ihnen aufschauen können, dann machen Sie sich bewußt, daß das nicht geschehen wird, wenn Sie überall erzählen, wie großartig Sie doch sind. Sie sind selbst schon solchen Menschen begegnet – sie fordern Angriffe heraus. Sie sind auch Menschen begegnet, die wirklich hochentwickelt sind, die lächeln, die Größe in anderen anerkennen und sich darauf konzentrieren, zu helfen und zu unterstützen. Das ist wahre Kraft. Sie entstammt dem inneren Bild, das sie von sich selbst bewahren. Sie brauchen niemandem zu erzählen, wie friedvoll oder gesammelt sie seien, die anderen wissen es ohnehin. Wirkliche Kommunikation erfolgt telepathisch.

Die Bilder, die Sie von sich selbst
in die Welt aussenden, bestimmen,
wie Sie von anderen gesehen werden.

Erzählen Sie anderen Dinge über sich selbst, von denen Sie insgeheim wissen, daß sie nicht zutreffen, werden die Leute das bemerken. Wenn Sie aber wissen, daß Sie eine spezifische Eigenschaft oder einen Charakterzug besitzen, werden das die Menschen überall in Ihnen erkennen und Sie darin unterstützen, auch wenn Sie Ihnen nicht davon erzählen.

Ein geläutertes Ego ist imstande, mit anderen gut auszukommen und ihnen zu helfen, das Edle und die Kraft in sich zu entdecken. Konkurrenz hat ihre Wurzeln oft in den Menschen, die nicht sehen, wer sie sind, die kein grundlegendes Vertrauen zu ihrer inneren Größe haben. Sie entsteht durch mangelndes Vertrauen. Wenn Sie wirklich sicher sind, wenn Sie die Fülle erkennen und erleben, brauchen Sie mit niemandem zu konkurrieren. Statt dessen werden Sie anderen helfen, Fülle in ihr Leben zu bringen, sei es nun in Form von Geld, Liebe oder Erfolg. Sie werden anderen beistehen wollen, zu erkennen, wer sie sind, weil Sie alles haben, was Sie brauchen, und wissen, wer Sie sind.

Interessiert es Sie, was Ihre Freunde von Ihnen halten, wenn Sie mit ihnen zusammen sind? Möchten Sie von ihnen mit Respekt und Wertschätzung behandelt werden, dann nehmen Sie sich Zeit, ihnen zuzuhören. Helfen Sie ihnen, sich auf ihr höchstes Wohl auszurichten; unterstützen Sie sie darin, ihre Schönheit und ihr inneres Licht zu sehen. Menschen, die wirklich Kraft besitzen, machen sich keine Gedanken über den Eindruck, den sie hinterlassen. Sie sind mehr an den Menschen interessiert, mit denen sie gerade zusammen sind, als an sich selbst. Und sie spüren, wie der innere Friede in ihnen immer stärker wird.

Viele von Ihnen haben Angst,
Ihre Kraft geltend zu machen,
weil sie ein verzerrtes oder negatives
Bild davon haben,
was Kraft eigentlich ist.

In dieser Welt werden mehr Vorbilder und Persönlichkeiten benötigt, die Beispiele für positive Formen von Autorität bieten. Viele Ihrer großen spirituellen Führer sind gekommen, um ein neues Bild der Kraft, einer verfeinerten Kraft, zu vermitteln. Jemand ist dann einflußreich, wenn er seinen Willen auf höhere Ziele ausrichten kann; das ist wahre Kraft. Ein Mensch, der bemüht ist, anderen zu helfen und sie zu heilen, zeigt darin seine Kraft. Manche Leute verkünden Tiefgründiges und scheinen weise zu sein. Doch wenn Sie sich durch das Zusammentreffen mit ihnen nicht gestärkt und erweitert fühlen, als hätten Sie zu einer tieferen Ebene Ihres Wesens Zugang gefunden, haben Sie keine wahre Kraft erlebt.

Wenn Sie möchten, daß die Menschen in Ihrer Umgebung Ihre Kraft spüren und erkennen, wer Sie sind, hören Sie ihnen mit dem Herzen zu und sorgen Sie sich nicht um den Eindruck, den Sie machen. Kümmern Sie sich um sie und befassen Sie sich mit ihnen. Hören Sie mit dem Herzen zu und überlegen Sie, wie Sie das Bewußtsein und die Energie der anderen auf eine höhere Stufe heben können. Wahre Kraft läßt sich an den Augen ablesen. In den Augen jener, die wirklich Kraft besitzen, spiegelt sich eine tiefe

Liebe, und sie blicken den anderen direkt an. Sie weichen Ihrem Blick nicht aus, sondern sehen Ihnen geradewegs in die Augen. Sie spüren, daß Sie ihnen wirklich etwas bedeuten. Sie hören aufmerksam zu, wenn Sie sprechen. Vermitteln Sie anderen diese wachsame Bewußtheit? Sehen Sie ihnen in die Augen, wenn sie sprechen? Hören Sie auf das, was sie sagen, oder sind Sie damit beschäftigt, eine Antwort zurechtzulegen oder eine Verteidigung zu formulieren? Schweift Ihr Bewußtsein oft ab, während der andere erzählt? Hören Sie mit dem Herzen zu und fühlen Sie die unausgesprochenen Worte, denn all das bietet eine Möglichkeit, Ihre Kraft zu entwickeln.

Beobachten Sie Menschen, die freundlich und sanft sind, die gar nicht genug für Sie tun oder genug Liebe geben können. Ziehen Sie mehr solcher Leute in Ihrem Leben an. Sie kennen sicherlich den Satz: «...die Sanftmütigen werden das Erdreich besitzen.» Er besagt, daß sich Kraft durch Demut ausdrückt. Wirklich kraftvolle Menschen verfügen über große Demut. Sie versuchen nicht zu beeindrucken oder Einfluß zu nehmen. Sie *sind* ganz einfach. Andere fühlen sich magnetisch von ihnen angezogen. Meist sind sie sehr still und gesammelt und fühlen ihr innerstes Wesen sehr bewußt. Sie wissen, daß alles im äußeren Universum ein Symbol für ihre inneren Welten ist. Sie haben die volle Verantwortung für ihre Bestimmung übernommen und sind oft von Menschen umgeben, die ihren Rat suchen. Durch den Kontakt mit ihnen fühlt man sich neu aufgeladen und erholt. Sie versuchen nicht, irgend jemanden von irgend etwas zu überzeugen. Sie laden nur ein und bieten an. Sie «überreden» niemals, noch verwenden sie Manipulation oder Aggression, um ihren Willen durchzusetzen. Sie hören zu. Wenn es etwas gibt, wodurch sie helfen können, bieten Sie es an, wenn nicht, schweigen sie.

Sehen Sie sich in der kommenden Woche Ihre Vorbilder

102

an und definieren Sie den Begriff der Kraft in Ihrem Leben neu. Betrachten Sie Kraft als einen sanft fließenden Energiestrom, der von Ihrer Seele gelenkt wird. Machen Sie sich bewußt, wer Sie sind. Senden Sie ein positives, liebevolles Selbstbild ans Universum aus und beobachten Sie, wie die Menschen darauf reagieren. Seien Sie bereit, Ihre höheren Eigenschaften einzusetzen und erkennen Sie Ihre Fähigkeiten an.

Läuterung des Ego –
erkennen, wer man ist.

Übungsbogen

1) Denken Sie an zwei Menschen, die in Ihrem Leben eine bedeutende Rolle gespielt haben, Sie ermutigt, geliebt und motiviert haben, oder Ihnen ein Gefühl der Erweiterung und Inspiration vermitteln konnten.

Gerda & Uasumathi

2) Denken Sie an zwei Menschen, bei denen Sie dasselbe bewirkt haben. Sehen Sie sich selbst im Besitz dieser Eigenschaften, die inspirieren, motivieren, ermutigen und anderen in ihrer Entwicklung behilflich sein können.

Kala Louise

3) Welchen der Charakterzüge, die Sie besitzen, würden Sie gerne stärker zum Ausdruck bringen, z. B. Mitgefühl, Weisheit, Friede, Freude, Gleichgewicht. Sicherheit? Notieren Sie hier so viele, wie Ihnen nur einfallen, und formulieren Sie die Sätze so, als würde jede dieser Eigenschaften wachsen und stärker werden, z. B: «Mein Mitgefühl wird mit jedem Tag größer.»

4) Wählen Sie einen Menschen bzw. eine Situation, in der Sie eine dieser Eigenschaften in der kommenden Woche in die Praxis umsetzen können.

VIII
Teilpersönlichkeiten –
die Vereinigung
der getrennten «Selbste»

Jeder von Ihnen besitzt verschiedene Rollen und Identitäten. Man könnte sie als «Teilpersönlichkeiten» bezeichnen. Sie existieren in jedem von Ihnen. Es gibt vielleicht einen Teil in Ihnen, der impulsiv ist und ohne Überlegung handelt, aber auch einen Teil, der sorgfältig und vorsichtig vorgeht. Möglicherweise gibt es einen Teil, der nicht möchte, daß andere ärgerlich auf Sie werden, oder einen Teil, der von anderen gebraucht werden möchte. Da ist vielleicht ein Teil, der sich fürchtet oder Zukunftsängste verursacht, oder ein Teil, der wie besessen die Erinnerung an schmerzliche Ereignisse wachruft und Ihre Aufmerksamkeit ständig darauf lenkt. Auf der Reise durch dieses Leben wird jeder dieser Teile auf eine höhere Ebene des Wissens und des Verstehens gebracht.

Wenn Sie lernen, sich nicht mit den Teilpersönlichkeiten zu identifizieren und sie nicht als Ihr wahres Selbst zu betrachten, hilft Ihnen das, sie ans Licht zu bringen und sich zu befreien. Die Reise ins Höhere Selbst besteht in der Integration all dieser «Selbste» oder Teilpersönlichkeiten in die Seele. Die Stimme, die Ihnen erklärt, daß Sie etwas nicht

106

könnten, ist nicht die Stimme des Höheren Selbst. Es ist einfach ein Teil von Ihnen, den es zu erkennen und zu lieben gilt, und dem Sie Ihre höhere Vision zeigen sollten. Die «Selbste» in Ihnen können durch Ihre höhere Vision geheilt und integriert werden. Vielleicht sind sie während einer kritischen Phase entstanden oder ihre Vorstellungen von der Realität und ihre Instruktionsprogramme basieren auf Bildern, die Ihnen von Ihren Eltern oder Freunden übermittelt worden sind. Nehmen wir z. B. an, daß Sie immer wieder Beziehungen in Ihrem Leben anziehen, die für Sie nicht die richtigen zu sein scheinen. Vielleicht gibt es ein Selbst, das aufgrund einer alten Vorstellung diese Beziehungen herstellt. Möglicherweise haben Sie von Ihren Eltern auf irgendeine Weise Ablehnung erfahren, wodurch eine Teilpersönlichkeit das Bild geformt hat, daß Ablehnung ein Element des Geliebt-Werdens sei. Dieses Selbst ist vielleicht sehr hilfreich, um Freunde zu gewinnen, also müssen Sie zugeben, daß es etwas Gutes zu tun versucht, auch wenn Ihre Freunde Sie an einem gewissen Punkt ablehnen. Seien Sie sich selbst nicht böse, wenn Sie ein Verhaltensmuster immer wiederholen, denn die Klärung dieses Musters ist eine der Möglichkeiten zur Weiterentwicklung. Es ist jetzt an der Zeit, sich dieses Selbst bewußt zu machen, mit ihm zu sprechen und ihm ein neues Bild von der Art Liebe zu vermitteln, die Sie sich wünschen. Vielleicht haben Sie ein Selbst, das an den Mangel glaubt – daß es nicht genug Männer, Frauen, Liebe oder Geld usw. gebe. Es wäre gut, mit diesem Teil Ihrer selbst zu sprechen und ihm Bilder der Fülle zu zeigen.

Stellen Sie sich vor, Sie hätten nur noch sechs Monate zu leben – was wäre Ihnen dann am wichtigsten, was würden Sie zu Ende führen und hinterlassen wollen? Was würden Sie an Ihrem Leben sofort ändern? Welche Ihrer momentanen Einschränkungen würden Sie beseitigen? Wenn Sie ein

Geschenk für die Erde hinterlassen sollten, welche Gabe wäre das?

Es gibt einen Teil in Ihnen,
der all die anderen Teile überblickt
und beobachtet –
das ist Ihr Höheres Selbst.

Sie bewegen sich auf das Höhere Selbst zu, indem Sie es anerkennen und indem Sie all die anderen Teile in sich entwickeln. Die Teilpersönlichkeiten sind lediglich jene Bereiche in Ihnen, die noch nicht mit dem Höheren Selbst in Einklang gebracht worden sind. Sie können die Bilder, die diese Teile in Ihnen aufrechterhalten, sehr leicht verändern, indem Sie zuerst einmal auf die Stimmen in sich horchen. Wenn Sie ein bestimmtes Gedankenmuster entdecken, z. B. eine zweifelnde Stimme, betrachten Sie sie als einen Teil Ihrer selbst, der Ihre Seele um Hilfe bittet, ein Teil, dem es neue Bilder und Betrachtungsweisen zu zeigen gilt. Sie können auf jede dieser Stimmen reagieren, die nicht aus Ihrem Höheren Selbst kommt, indem Sie ihr zuhören, mit ihr sprechen und ihr von Ihrer höheren Vision erzählen. Diese Stimmen haben einfach noch nicht bemerkt, daß Sie das Vorbild, nach dem Sie Ihre Realität erschaffen, verändert haben.

Wie sieht dieses höhere Ziel, diese höhere Vision aus? Sie alle sind nicht nur inkarniert, um einen höheren Entwicklungsstand zu erreichen, sondern auch, um dem Planeten zu helfen und etwas zum Wohl der Menschheit beizutragen. Wenn Ihnen die Dinge leicht von der Hand gehen und sich die Türen öffnen, dann geschieht das einerseits, weil Sie Ihrer höheren Bestimmung folgen, und andererseits, weil

Sie Ihr Ziel mit der höheren Vision der Menschheit verwoben haben. Sie sind hier, um bestimmte Eigenschaften hervorzubringen und Ihr höheres Ziel zu verwirklichen. Diese Eigenschaften werden für Sie sichtbar, indem Sie beobachten, welche Herausforderungen sich Ihnen ständig stellen. Vielleicht treten sie in getrennten Ereignissen auf, doch gibt es hinter dem, was Sie lernen, und den Lernerfahrungen, die Sie anziehen, ein bestimmtes Muster.

Jeder Mensch wird mit einem höheren Ziel und einer höheren Vision geboren. Sie reisen durch dieses Leben, um diese Vision zu finden und zu erfüllen. Ihr Höheres Selbst ist herausgefordert, die Sicht dessen, was und wer Sie sind, ständig zu erweitern und Sie in Bereiche zu bringen, die sich mehr und mehr ausdehnen. Mancher spezialisiert sich vielleicht nur auf eine bestimmte Sache und geht immer tiefer in die Einzelheiten. Für einen anderen bedeutet sein Weg, sich in neue Bereiche zu bewegen, um Wissen zu erlangen. Die Verschmelzung der einzelnen Teile mit dem Höheren Selbst bildet eines der Ziele, das die Seele in ihrem Evolutionszyklus erreichen will.

Das Höhere Selbst ist jener Teil von Ihnen, der sich jenseits aller Polarität befindet. Jede Ihrer Stimmen, die sich in eine bestimmte Richtung wendet, wird auch ihr Gegenteil auf den Plan rufen. Das heißt, wenn ein Teil von Ihnen sehr konservativ ist, dasselbe Leben wie jetzt weiterführen will und Veränderungen ablehnt, dann wird es auch einen Gegenpol dazu geben – einen Teil, der gerne spontan vorgeht, der frei sein will und Veränderungen vornimmt. Vielleicht können Sie feststellen, wie diese beiden Teile ständig miteinander im Widerstreit liegen. Sie vereinen viele widersprüchliche Teile in sich. Erst die Auflösung dieser Polarität erlaubt es dem Höheren Selbst, zu Ihnen durchzudringen. Eine Möglichkeit besteht darin, solche widersprüchlichen Teile einen Dialog führen zu lassen. Wenn Sie in irgendeiner

Situation im Leben ein ständiges Vor-Zurück erleben, wo ein Teil von Ihnen meint: «Das ist die Antwort, geh auf diese Weise vor», und ein anderer Teil wiederum sagt: «Nein, du solltest es *so* erledigen», dann stellen Sie sich vor, wie Sie in jeder Hand einen der beiden Teile halten und lassen Sie nun einen Dialog entstehen. Jeder soll ausdrücken dürfen, was er für Sie an Positivem zu erreichen versucht. Lassen Sie die beiden Seiten miteinander sprechen und erarbeiten Sie einen Kompromiß, der beiden gerecht wird. Zeigen Sie im Geiste diesen Teilen, was Sie in Ihrem Leben zu erreichen versuchen und bitten Sie sie, Ihnen bei der Verwirklichung Ihrer Ziele behilflich zu sein.

Jeder Teil von Ihnen
hält ein Geschenk für Sie bereit
und kann Ihnen ein Freund sein.

Es gibt keine Stimme in Ihnen, die nicht die Absicht hätte, Ihnen zu helfen. Vielleicht fehlt ihr nur ein genaues Bild von dem, was Sie möchten, oder sie hat sich vor Jahren herausgebildet und arbeitet immer noch nach einem alten Programm. Der Teil in Ihnen, der z. B. Angst empfindet, versucht vielleicht, Sie auf die bestmögliche Weise zu beschützen, die er kennt. Auf dieser Reise durch das Leben gilt es, all diese Teile in Ihre höhere Vision einzubringen und Sie Ihr Ziel erreichen zu lassen.

Lernen Sie all diese «Selbste» in sich zu lieben. In dem Maße, wie Sie Liebe zu ihnen entwickeln, werden sie sich mit Ihrem Höheren Selbst vereinen.

Teilpersönlichkeiten – die Vereinigung der getrennten «Selbste»

Übungsbogen

1) Nehmen Sie sich einen Bereich Ihres Lebens vor, in dem Sie gerade mit Problemen konfrontiert sind oder wo Sie unter einem Mangel leiden. Schreiben Sie es auf:

2) Jetzt stellen Sie fest, welcher *Teil* von Ihnen diesen Mangel verursacht. Schließen Sie die Augen und stellen Sie sich vor, wie dieser Teil aussieht. Ist er jung oder alt? Wie ist er gekleidet? Welchen Gesichtsausdruck hat er?

3) Danken Sie diesem Teil in Ihnen für den Versuch, Ihnen auf die bestmögliche Weise zu helfen, die er kennt. Fragen Sie ihn, was er damit an Positivem zu erreichen versucht. Der Teil von Ihnen, der Sie z. B. zurückhält, versucht möglicherweise, Sie zu beschützen und für Ihre Sicherheit zu sorgen. Es gibt immer auch etwas Gutes, das dieser Teil für Sie zu erreichen glaubt. Was ist das Positive, das er für Sie leistet?

4) Fragen Sie diesen Teil nun, ob er bereit wäre, dasselbe weiterhin zu tun, aber auf eine Weise, die zu Ihrem höchsten Wohl beitragen und Ihnen, wie Sie jetzt sind, entsprechen würde. Sie könnten diesen beschützenden Teil bitten, immer ein Auge auf neue Möglichkeiten zu haben, die Ihnen dabei helfen, eine neue Herausforderung oder ein Abenteuer durchzustehen.

5) Sehen Sie sich diesen Teil Ihrer selbst nochmals an. Sieht er älter, klüger oder glücklicher aus? Danken Sie ihm dafür, daß er Ihnen so bereitwillig zugehört hat und Ihnen beim Erreichen Ihrer höheren Ziele behilflich sein wird.

IX
Liebe – die Weisheit des Herzens erkennen

Liebe ist die Nahrung des Universums. Sie ist der wichtigste Bestandteil des Lebens. Kinder gehen auf die Liebe zu, sie gedeihen und wachsen durch Liebe und würden ohne sie sterben. Liebe ist eine Energie, die die Welt umfaßt, sie ist überall und in allem. Es gibt keinen einzigen Aspekt in Ihrem Leben, der nicht auch Liebe beinhaltet. Auch in den dunkelsten Stunden gibt es ein Element der Liebe – das Bedürfnis danach, den Mangel an Liebe oder den Wunsch, sie stärker werden zu lassen. Auf diesem Planeten wird ungeheuer viel Energie darauf verwendet, Liebe zu erfahren, und doch gibt es in dieser Kultur, wie in allen anderen auch, unzählige Gedankenformen, die es erschweren, Liebe zu erfahren.

Ich möchte zuerst die allgemeinen Anschauungen über Liebe erwähnen. Die Gedanken anderer Menschen zu einem beliebigen Thema sind Ihnen auf telepathischem Wege zugänglich. Wenn Sie sich um Liebe bemühen, ziehen Sie damit das universell ausgesandte Gedankengut an und so auch die kollektiven Ansichten über Liebe.

Liebe ist im Körper, in den Emotionen und vor allem in

den spirituellen Bereichen spürbar. Man könnte Liebe als allgegenwärtige Kraft betrachten, als jene Kraft, welche die Teilchen in einem Atom zusammenhält. Sie ist ebenso eine Kraft wie z. B. der Magnetismus oder die Schwerkraft, aber sie wird noch nicht als solche verstanden. In ihrer höchsten Form kann sie sich als Partikel mit so hoher Geschwindigkeit fortbewegen, daß sie überall gleichzeitig ist und all das ist, was ist. Sie alle streben höhere Formen der Liebe an, aber die meisten verfangen sich in den allgemein verbreiteten Gedankenformen über Liebe.

Nehmen Sie an, es gäbe eine Grenze dafür, *wieviel* Liebe man aufnehmen könnte – wie z. B. die Lichtgeschwindigkeit eine Obergrenze hat. Auf der Erde wird behauptet, nichts sei schneller als das Licht, aber es gibt doch etwas, obwohl es im Universum noch nicht bekannt ist. Ähnliches gilt für die Liebe. Auf der irdischen Ebene gibt es einen Grad der Liebe, der ihren höchstmöglichen Ausdruck darstellt, das was die Menschheit als Gesamtheit erreicht hat. Aber es ist noch weit mehr möglich. Alle Ihre großen Meister und Lehrer arbeiten durch ein Werkzeug, durch eine bestimmte Dimension der Liebe, um mehr davon auf die Erdenebene zu übertragen. Wie würden Sie diese Liebe fühlen? Wie wäre sie in Ihnen erkennbar?

Alle von Ihnen haben diese Art Liebe schon erfahren. Sie haben Worte und Bezeichnungen für das, was Liebe ist, und doch wissen Sie, daß Liebe über Worte oder Gedanken hinausgeht. Sie ist eine Erfahrung, ein Wissen, eine Verbindung zum anderen, zur Erde und schließlich zum Höheren Selbst. Allem, womit Sie auch zu tun haben, wohnt dieses Streben inne: eine höhere Beziehung mit dem Selbst einzugehen.

**Oft bieten Ihnen andere Menschen
die Chance, durch ihre Liebe**

Ihr eigenes höheres, besseres Selbst kennenzulernen.

Dennoch scheint sich in Ihr Streben nach den höheren Ebenen der Liebe oft die Persönlichkeit mit all ihren Zweifeln, Ängsten und Erwartungen einzumischen. Mehr Liebe erfahren können Sie nur, wenn Sie Begrenzungen durchbrechen. Lassen Sie die Liebe in Ihrem Leben wachsen, indem Sie den Blick nach vorne richten, Ihre Vergangenheitsmuster loslassen und an Ihre Fähigkeit glauben, mehr zu lieben als jemals zuvor. Sie können auch zurückblicken und sich an die Zeiten erinnern, in denen Sie stark, liebevoll und von Licht erfüllt waren. Verwenden Sie allerdings die Vergangenheit, um sich an Momente zu erinnern, wo das mißlungen ist, werden Sie Ihre vorherigen Beziehungen in die jetzigen mit einbauen.

Was stellt die Liebe für die meisten Menschen dar? Auf kollektiver Ebene ruft sie viele Vorstellungen verschiedenster Form hervor. In einer Beziehung bedeutet sie z. B. Verpflichtung, Heirat, Zeremonie oder Ritual. In der Familie führt sie dazu, daß man sich umeinander kümmert und selbst umsorgt wird, sie ruft Abhängigkeit und Unabhängigkeit hervor. Sie führt zu Verhaftung und zum Loslassen. Auf der Persönlichkeitsebene verursacht Liebe oft ihr Gegenteil – nämlich Angst. Viele von Ihnen, die sich verlieben oder tiefe Erfahrungen in der Liebe machen, stellen etwas später fest, daß sie sich zurückziehen oder sich verschließen, sich vom anderen entfernen oder ihm Liebe entziehen. Da ist die Persönlichkeit auf den Plan getreten und quält Sie mit ihren Zweifeln und Sorgen. Sie bewältigen solch eine Situation, indem Sie Ihrer Persönlichkeit liebevoll begegnen und sie beruhigen. Jedesmal, wenn Sie die Pforte zu einem Mehr an Liebe durchschreiten und in eine neue Dimension der Liebe

115

eintreten, wird gleichzeitig ein Teil von Ihnen an die Oberfläche dringen, der sich ungeliebt fühlt. Vielleicht übertragen Sie das dann auf die andere Person, beschuldigen sie, daß sie sich zurückzieht, oder Sie schaffen eine Situation, in der Sie den anderen einfach nicht mehr so sehr lieben können. Aber es liegt an Ihnen, Sie sind derjenige, der den Rückzug antritt. Anstatt den anderen zu beschuldigen, wenn Angst, Zweifel oder Enttäuschung in Ihnen hochkommen, sollten Sie in Ihr Inneres blicken und sich fragen: «Gibt es einen Teil in mir, der diese Angst verursacht?» Wenn Sie nach innen blicken, zu diesem Teil in sich sprechen, ihm erklären, daß an dieser Angst nichts Schlimmes ist, und ihm die lichte Zukunft vor Augen halten, auf die Sie zusteuern, können Sie aus Liebe heraus handeln.

Stellen Sie sich vor, daß auf diesem Planeten unzählige telepathische Botschaften vorhanden sind. Mit Ihren Gedanken stimmen Sie sich auf all die Menschen ein, die dasselbe denken. Wenn Sie jetzt an Liebe denken, wie sehr Sie geliebt werden, wieviel Liebe es im Universum gibt, wie licht und erfüllt Sie sich fühlen, werden Sie sich auf alle die Menschen einstimmen, die sich in derselben geistigen Frequenz bewegen. Kommen Zweifel auf, stimmt Sie dies auf die Schwingung und Gedanken jener Menschen ein, die auf dieser Ebene der Angst leben. Nehmen Sie sich diese Gedanken nicht übel, aber brüten Sie auch nicht darüber. Verbringen Sie Ihre Zeit nicht damit, sich zu überlegen, warum etwas vielleicht nicht funktioniert, sondern konzentrieren Sie sich darauf, wie es funktionieren *kann*, wieviel Liebe Sie jedem geben können – Ihren Kindern, Eltern, Freunden und allen, für die Sie eine tiefe Zuneigung empfinden.

Liebe transzendiert das Selbst

Jeder von Ihnen hat einmal die Erfahrung inniger Liebe gemacht, wo er seine eigene Persönlichkeit, seine Wünsche und Sehnsüchte beiseite lassen konnte, um einem anderen beizustehen. Liebe ist ein Bereich in Form von Energie, zu dem Sie jederzeit Zugang haben können, sobald Sie liebevoll an jemanden denken. Damit erhöhen Sie tatsächlich Ihre Schwingung. Viele hochentwickelte Wesen, auch ich, arbeiten auf dieser Ebene. Wir richten Liebe auf diesen Planeten, damit Ihre eigenen Liebesempfindungen verstärkt werden. Jedesmal, wenn Sie durch das Innerste Ihres Wesens bedingungslose Liebe ausdrücken, und jedesmal, wenn Sie Liebe empfangen, helfen Sie damit unzähligen anderen, dasselbe zu erreichen.

Liebe aus den höheren Bereichen bedeutet unumschränktes Mitgefühl und völlige Losgelöstheit: man sieht das gesamte Bild eines Menschenlebens vor sich und konzentriert sich nicht darauf, was man von dem Betreffenden will, sondern nur darauf, wie man ihm in seiner Entfaltung und seinem Wachstum behilflich sein kann, in der Richtung, die gut für ihn ist. Liebe achtet nur darauf, wie man den anderen unterstützen kann und wie man dadurch seinem eigenen Wachstum und höchsten Ziel dient. Liebe öffnet Ihnen die Pforten zum eigenen Wachstum und zur Lebendigkeit.

Sie haben sicherlich schon festgestellt, wie sehr Liebe Ihre Lebendigkeit intensiviert – ob das nun Verliebtheit ist, die Liebe zu einem Kind, zu Ihren Eltern oder einem Freund. Wenn es mir gelingt, zu Ihnen durchzudringen und Ihnen zu helfen, besteht meine Freude darin, zu sehen, wie sich die Blüte entfaltet, wie jene, zu denen ich spreche, wachsen und sich selbst mehr lieben. Diese Energie fließt zu mir zurück und wird um ein Vielfaches verstärkt, so daß ich noch mehr darin unterstützt werde, Liebe auszusenden.

Denken Sie einen Augenblick an morgen. Wie wird der morgige Tag für Sie aussehen? Könnten Sie etwas tun, um jemandem Liebe zu schenken oder selbst mehr Liebe zu erfahren?

Ihrer Umgebung, wie auch sich selbst, Anerkennung zu geben, bietet eine weitere Möglichkeit, um Liebe zu erfahren. Wenn Sie sich einen Augenblick Zeit nehmen, um für jeden, dem Sie begegnen, Wertschätzung zu empfinden und ihm Liebe zu senden, wird das Ihr Leben verändern und Ihre Schwingung rasch erhöhen. Wenn Sie sich der Liebe verpflichten, werden Sie auch Liebe anziehen. Sie brauchen sich nicht auf die Persönlichkeitsebene zu begeben, wo man sich sagt: «Wird diese Situation andauern, wird es gut gehen?» Statt dessen fragen Sie sich in diesem Augenblick lieber: «Wie kann ich die Liebe in dieser Beziehung vertiefen?» Liebe wirkt in der Gegenwart, und indem Sie sich in der Gegenwart auf sie konzentrieren, senden Sie die Liebe in die Zukunft aus und erlösen durch sie auch die Vergangenheit.

Wenn Sie im Bewußtsein der Liebe leben –
wenn Sie in allem, was Sie tun,
die Liebe erkennen können,
sie durch Ihre Berührung,
Ihre Worte, Augen und Gefühle
übertragen können –, dann wird es möglich,
durch einen Akt der Liebe
Tausende niedrigerer Handlungen
auszulöschen.

Sie können zur Transformation dieses Planeten beitragen. Es erfordert nicht so ungeheuer viele Menschen, die in der Liebe leben, um das Schicksal der Menschheit zu verändern, denn Liebe ist eine der mächtigsten Energien im Universum. Sie ist tausendmal stärker als Zorn, Ärger oder Angst.

Können Sie sich vorstellen, wie es sich anfühlen würde, wenn Ihr Herz offen wäre, wenn Sie, wo Sie auch hingehen, im Vertrauen und in der Gelassenheit wären und einfach wüßten, daß das Universum freundlich ist? Wie würde Ihr Leben verlaufen, wenn Sie glaubten, daß Ihr innerer Führer sanft und gütig ist, daß die Menschen, wo Sie auch sein mögen, Ihnen ihre Liebe senden, und daß Sie selbst einen Strahl der Liebe, der Sie umgibt, an jeden aussenden können? Inwieweit würde sich Ihr Leben verändern, wenn Sie hinter allem, was Ihnen jemand sagt, gleichgültig, in welcher Form er es ausdrückt, die Liebe oder das Bedürfnis nach Liebe erkennen könnten? Dadurch würden Sie ständig tiefen Einblick erhalten und könnten die Liebe in jedem Wesen sehen und anerkennen, so wie ich das tue. Indem Sie die Liebe im anderen erkennen, können Sie sie zum Vorschein bringen und auch selbst anziehen.

Wenn Sie heute in die Welt hinausgehen, achten Sie darauf, wie Sie durch Ihre Augen, Ihr Lächeln und Ihr Herz – oder sogar eine sanfte Berührung im rechten Augenblick – Liebe ausdrücken können. Sie sind als Gemeinschaft auf die Erde gekommen, und jeder von Ihnen kann ein intensives Gefühl der Liebe, eine Gedankenform der Liebe aussenden und sie anderen weitergeben. Verweilen Sie den Rest des heutigen Tages im Herzen. Erleben Sie die Liebe, die Sie sind, und seien Sie offen, um die Anerkennung für die Schönheit des Lichtes und der Liebe in Ihnen aufzunehmen, die man Ihnen entgegenbringen wird.

Liebe – die Weisheit des Herzens erkennen

Übungsbogen

1) Erinnern Sie sich an mindestens drei Ereignisse in der Vergangenheit, bei denen Sie eine liebevolle Empfindung in sich aufsteigen fühlten, als Sie an jemanden gedacht, mit ihm gesprochen oder ihm/ihr Liebe geschenkt haben.

2) Denken Sie an drei Menschen, die Ihre Liebe brauchen könnten. Rufen Sie sich die liebevollen Gefühle, die Sie bei Punkt 1) empfunden haben in Erinnerung. Senden Sie diese Liebe jetzt an die betreffenden Personen aus.

3) Notieren Sie hier drei Ereignisse, bei denen Sie von jemand anderem ganz unerwartet Liebe empfangen haben:

4) Überlegen Sie sich, wie Sie morgen jemanden durch den Ausdruck Ihrer Liebe überraschen und erfreuen könnten.

X
Sich öffnen, um zu empfangen

Wenn Sie mögen, stellen Sie sich vor, Sie seien ein König, dessen Schatzkammern gefüllt sind. Ja, Sie besitzen sogar solch große Reichtümer, daß Sie gar nicht wissen, wo Sie mit dem Verteilen beginnen sollen. Alle Menschen in Ihrem Königreich beklagen sich über ihre Armut, aber wenn Sie ihnen Geld anbieten, tun sie so, als würden sie Sie nicht sehen, oder sie fragen sich, ob hinter Ihrem Angebot nicht irgendeine List steckt.

Ich sehe mich unter Ihnen um und muß feststellen, daß sämtliche Schatzkammern ungenutzt, unerschlossen, ja sogar unerkannt bleiben. Sie kennen sicherlich den Ausdruck «der Himmel auf Erden». Es gibt nichts, was Sie daran hindert, ihn zu erleben, außer Ihrer eigenen Fähigkeit, darum zu bitten und dann zu empfangen. Wo sind diese Schatzkammern? Welche Dinge liegen darin verborgen, die wir gerne hervorholen möchten?

Einer dieser Schätze ist die Liebe. Wir messen Wachstum nicht auf dieselbe Weise wie Sie (beruflicher Aufstieg, mehr Geld etc.). Wir achten auf die spirituelle Evolution, und das umfaßt z. B. Freude, Selbstliebe, die Fähigkeit zu empfangen, die Umwandlung vom Negativen zum Positiven, die Läuterung des Ego, die Bereitschaft, Neues aufzunehmen und die Fähigkeit, für ein gemeinsames Ziel zusammenzuarbeiten.

Es gibt unendlich viel Liebe –
sie ist in derselben Fülle vorhanden,
wie die Luft, die Sie atmen.

Bitten Sie um Liebe? Je mehr Liebe Sie geben und empfangen, um so größer Ihr spirituelles Wachstum. Jeder Augenblick, in dem Sie sich auf etwas konzentrieren, das nicht funktioniert, an jemanden denken, der Sie nicht liebt, läßt Sie wie die Menschen handeln, die die Schätze des Königs zurückweisen. Sie haben immer die Möglichkeit, sich an Momente zu erinnern, in denen Sie geliebt worden sind, sich eine Zukunft der Fülle vorzustellen und somit am spirituellen Reichtum teilzuhaben.

Worauf richten Sie Ihre Gedanken? Jedes Einatmen bringt Sie nach oben in die Essenz des Seins, wo Formen geschaffen werden, und bei jedem Ausatmen senden Sie Ihre Wünsche an die Welt aus. Jedesmal, wenn Sie die Liebe anerkennen, die Sie bereits erhalten haben, wird sie sich vermehren. Eines der Gesetze des Empfangens verlangt anzuerkennen, daß man etwas erhalten hat, wodurch sich genau das in Ihrem Leben noch verstärken wird. Jedesmal, wenn Sie das versäumen, wird es schwieriger, Ihnen das Gewünschte zukommen zu lassen.

Je mehr Sie sich auf das konzentrieren, was Sie unzufrieden macht, um so mehr Unzufriedenheit werden Sie in Ihrem Leben hervorbringen, und sie wird sich immer weiter auf Bereiche ausdehnen, die ursprünglich völlig *in Ordnung waren!* Richten Sie Ihre Aufmerksamkeit auf die Dinge, die zufriedenstellend funktionieren, werden dadurch weitere Bereiche in Ordnung gebracht. Dasselbe gilt für das Empfangen. Je mehr Sie zu schätzen wissen, wieviel Sie bereits erhalten haben, um so mehr wird Ihnen zufließen. Wir unterscheiden zwei Arten von Bitten: solche, die aus der Persönlichkeit kommen, und solche, die der Seele entstammen.

Welche Wünsche kommen aus Ihrer Seele?

Der Wunsch nach spiritueller Entwicklung entspringt Ihrer Seele, ebenso alle Bitten, die höheren Zielen dienen: die Bitte um Klarheit, Liebe und Gesammeltheit. Der Wunsch, Ihren höheren Weg zu finden, oder der Wunsch nach mehr Licht in Ihrem Leben entstammt ebenfalls der Seele.

Persönlichkeitswünsche können die Verkleidung für eine Bitte sein, die aus der Seele kommt. Meist sind sie sehr konkret, z. B. ein neues Auto oder ein anderes materielles Ziel. Wenn Sie bereit sind, die tiefere Motivation hinter Ihrem Wunsch zu ergründen und herauszufinden, was Sie sich von seiner Erfüllung erwarten, eröffnen Sie sich mehr Möglichkeiten und Formen, in denen Ihnen das Gewünschte zukommen kann.

Da ein Persönlichkeitswunsch meist sehr spezifisch ist, braucht das Universum oft länger, um einen Weg für seine Erfüllung zu finden. Bitten Sie z. B. nicht um Geld, sondern um das, was Ihnen das Geld ermöglichen würde, etwa mehr Sicherheit, reisen zu können, Urlaub von der Arbeit zu machen oder jeden Monat ohne Schwierigkeiten alle Rechnungen bezahlen zu können, kann Ihnen all das leichter zufließen als das Geld als solches.

Empfangen zu lernen heißt,
nicht um die Form, sondern
um die Essenz dessen zu bitten,
was man ersehnt.

Oft gibt Ihnen das Universum genau das, worum Sie
gebeten haben, und dann stellen Sie fest, daß es eigentlich
nicht das ist, was Sie wollten. Das kostet viel Zeit. Bevor Sie
einen Wunsch formulieren, sollten Sie sich vielleicht fragen:
«Gibt es für diese Bitte auch eine erweiterte oder genauere
Formulierung?» Wenn Sie verlangen: «Ich will, daß mich
dieser Mann/diese Frau liebt» oder «Ich will, daß mir dieser
Mensch Freude bereitet», machen Sie es dem Universum
sehr schwer, Ihnen das Gewünschte zu geben, vor allem,
wenn dieser Mensch Sie nicht liebt oder Ihnen keine Freude
bereiten will. Wenn Sie stattdessen bitten: «Ich bin offen für
die Begegnung mit einem Mann/einer Frau, der/die mich
lieben wird», ist es viel leichter, diese Bitte zu erfüllen, weil
sie nicht an eine Form (eine bestimmte Person) gebunden
ist, sondern das Wesentliche (Liebe und Freude) gewünscht
wird.

Möchten Sie, daß etwas auf ganz bestimmte Weise eintritt, dauert es vielleicht länger, als wenn Sie das Universum
durch seine Magie und seine Wunder wirken lassen, um die
Bitte Ihrer Seele – und nicht die Ihrer Persönlichkeit – zu
erfüllen. Das erfordert allerdings die Fähigkeit loszulassen.

Vielleicht haben Sie schon erlebt, daß Sie sich etwas vorgestellt und es auch tatsächlich erhalten haben. Aber viele
von Ihnen wissen nicht, wie man das Alte losläßt, um sich
dem Neuen zu öffnen. Seien Sie bereit und offen für neue
Formen, wenn Sie empfangen möchten.

Wenn in Ihrem Leben ein Wirrwarr von Beziehungen

herrscht oder Sie Ihre ganze Zeit mit einer unbefriedigenden Beziehung ausfüllen, ist kein Platz mehr für eine erfüllende Begegnung vorhanden. Wenn Sie um mehr Geld bitten, aber Ihre Arbeitskraft völlig verausgaben oder nur Aktivitäten verfolgen, die Ihnen kein Geld einbringen, wird es viel schwieriger sein, welches anzuziehen.

Seien Sie bereit,
den Anweisungen Ihrer Seele zu folgen,
wenn Sie hervorbringen wollen,
wonach Sie sich sehnen.

Wenn Sie um etwas bitten, werden Sie oft feststellen, daß unerwartete Veränderungen eintreten, die Sie auf das Gewünschte vorbereiten. Vielleicht muß sich Ihre Einstellung verändern, oder möglicherweise stellt Ihr momentaner Standpunkt eine Energieblockade dar, durch die Sie diese Gabe nicht anziehen können. Das Universum wird Ihnen sogleich zahlreiche Erfahrungen senden, um Sie zu öffnen und Ihre Einstellung zu verändern, damit Sie das Gewünschte erhalten können.

Manchmal müssen Sie bestimmte Dinge aufgeben, damit Sie erhalten können, worum Sie gebeten haben. Vielleicht heißt es dann, einen Gedanken, einen Freund, sinnlose Aktivitäten oder übertriebene Sorge loszulassen. Damit will das Universum nicht bestrafen oder versuchen, Ihnen die Dinge zu erschweren. Aber Sie haben einen sanften, liebevollen inneren Lehrmeister, der Ihnen die Dinge nur dann zukommen lassen will, wenn Sie dafür bereit sind und sie Ihrem höchsten Wohl dienen. Vielleicht bleibt Ihnen Geld vorenthalten, weil Sie noch nicht imstande sind, damit umzugehen. Ihr Höheres Selbst kann Sie durch zahlreiche

Lernerfahrungen führen, um Ihre Anschauungen umzuformen und zu verändern, bevor Ihnen das Geld zukommt, damit es Ihrem Wachstum wirklich förderlich sein kann. Wenn Sie etwas aus egoistischen Motiven fordern, wird Sie das Universum zuerst immer vorbereiten, damit Ihnen daraus kein Schaden erwächst. Oft kommt der Wunsch nach Ansehen oder nach viel Geld der Seele nicht wirklich zugute und wird daher nur schrittweise erfüllt. Sie alle erbitten nur sehr wenig. Es macht uns traurig, wenn wir den Geist der Menschen betrachten. Wir sehen, wie sehr Sie sich in Ihren Gedanken einschränken und nur auf das blicken, was gerade vor Ihnen liegt, anstatt größere Höhen anzustreben.

Es gibt Möglichkeiten,
ein viel reicheres Leben zu führen.

Eine davon ist Ihre Vorstellungskraft, in ihr haben Sie eine wertvolle Gabe. Jedesmal wenn Sie sich vorstellen, etwas zu besitzen, fordern Sie sich doch selbst heraus – stellen Sie sich vor, noch viel mehr zu haben! Wenn Sie ein Haus möchten, einen Freund oder Geliebten, jegliche Art von Beziehung, ein Auto, ein angenehmes Leben – lassen Sie Ihre Phantasie spielen und erweitern Sie die Vision.

Die Phantasie kann Sie Ihrem höheren Ziel zuführen. Viele der Dinge, die Ihre Phantasie am stärksten beschäftigen (auch jene, von denen Sie sich am weitesten entfernt glauben), sind Bilder für Ihr höheres Ziel und für das Leben, das Sie führen werden, sobald Sie es erreicht haben.

Worum können Sie bitten? Sie können um spirituelle Entwicklung und um mehr Licht bitten, denn das ist eine allgemeine Bitte, die von der Seele eingesetzt werden kann, um

Ihnen viele unerwartete Gaben zukommen zu lassen. (Sobald Sie diese Gaben erhalten haben, gilt es auch, sie anzuerkennen.)

*Vertrauen Sie sich selbst
und glauben Sie daran,
daß Sie hervorbringen können,
was Sie sich wünschen.*

Vertrauen in sich selbst und das Loslassen von Erinnerungen an Mißerfolge wird Ihnen helfen, sich der Fülle zu öffnen. Wenn Sie an die Vergangenheit denken müssen, dann erinnern Sie sich an die Situationen, in denen Sie kraftvoll und kreativ waren. Gehen Sie in Ihr Herz und fragen Sie sich, ob Sie glauben, all die Freude und Liebe zu verdienen, die Sie auf dem Weg zu Ihrem höheren Ziel erwartet.

Beginnen Sie, indem Sie sich vorstellen, daß Freude, Friede und Harmonie Ihr Geburtsrecht sind. Um Ihre Bitte zu formulieren, stehen Ihnen Klarheit, Sammlung und Liebe zur Verfügung. Erbitten Sie die Vision Ihres höheren Zieles und seien Sie offen für die Gaben, die jeder Tag bereithält, auch die kleinen Dinge. Je mehr Sie das, was Ihnen geschenkt wird, anerkennen, um so mehr können Sie in Ihrem Leben verwirklichen.

Bitten Sie! Wir können Ihnen nichts geben, worum Sie nicht bitten. Das Universum wartet auf Ihre Bitten. Und wenn Sie sehen, wie sie erfüllt werden, seien Sie bereit, anzunehmen und zu empfangen. Wenn die Gelegenheit kommt – dann ergreifen Sie sie!

Seien Sie erkenntlich für die Gaben und danken Sie dem Universum dafür, und Sie können den Himmel auf Erden schaffen.

Sich öffnen, um zu empfangen

Übungsbogen

1) Notieren Sie hier vier Dinge aus Ihrem Leben, die Sie gut
   können, Dinge, die immer gelingen und mit denen Sie
   zufrieden sind:

2) Welche Gaben haben Sie in der vergangenen Woche
   oder im letzten Monat vom Universum erhalten? Notieren Sie mindestens zehn Punkte:

3) Denken Sie an mindestens fünf Dinge, um die Sie in der Vergangenheit gebeten haben und die Sie erhalten haben.

4) Was würden Sie jetzt gerne vom Universum erhalten? Formulieren Sie Ihre Bitte genau. Verwenden Sie Ihr Vorstellungsvermögen und *bitten* Sie um alles, was Sie sich vorstellen können. Beispiel: «Ich hätte gerne ein moantliches Einkommen von ... *oder mehr,* innerhalb von sechs Monaten oder sogar früher, und ich möchte es auf eine Weise verdienen, die meinen höheren Zielen dienlich ist.»

XI
Wertschätzung, Dankbarkeit und das Gesetz der Vermehrung

Wenn Sie einen unangenehmen Bewußtseinszustand auflösen wollen, wenn Sie erschöpft oder ausgelaugt sind oder über jemanden ärgerlich sind, können Sie Ihre Energien rasch verändern, indem Sie an die guten Dinge denken, die Sie bereits besitzen und einfach «danke» sagen – «danke *Selbst*, danke *Universum*». Das ist eine sehr effektive Methode, Ihre Aura zu reinigen und die Schwingung wieder anzuheben. Würden Sie nach dem Aufwachen jeden Morgen nur zwei Minuten darauf verwenden zu danken, könnten Sie sich den ganzen Tag über besser fühlen.

Was hat Dankbarkeit für einen Sinn? Sie hat nichts mit dem zu tun, was Ihnen Ihre Eltern anerzogen haben – danke sagen und höflich sein. Es gibt einen höheren Grund für Dankbarkeit. Sie sendet einen direkten Ruf ans Universum aus, Ihnen mehr zu schenken.

***Alles, wofür Sie dankbar sind
und was Sie zu schätzen wissen,
wird sich in Ihrem Leben vermehren.***

Ist Ihnen jemals aufgefallen, wie gerne Sie mit Menschen zusammen sind, die Ihnen dankbar sind, die Sie schätzen und anerkennen? Bei einem Rat sagen sie: «Danke, das hilft mir weiter.» Was man ihnen schenkt, bewahren sie auf und lieben es. Haben Sie bemerkt, daß Sie ihnen gerne noch mehr geben möchten? Auf energetischer Ebene gilt dasselbe für das Universum. Jedesmal, wenn Sie sich Zeit nehmen, dem Universum für all seine Fülle zu danken, wird es Ihnen noch mehr zukommen lassen. Mit jedem «Danke» vermehren Sie in dem Moment das Licht in Ihrer Aura. Die Veränderung erfolgt durch Ihr Herz, denn das Gefühl der Dankbarkeit kommt aus dem Herzen. Sobald Sie danken, öffnen Sie das Herz. Das Herz ist die Pforte zur Seele, es ist das Bindeglied zwischen der Welt der Form und der Welt des Seins. Dankbarkeit ist ein Weg, der direkt zum Herzen, zum wahren Wesen und zur Seele führt.

Sie können Ihre Aura reinigen und Ihre Schwingung erhöhen, indem Sie danken. Die Resonanz der Dankbarkeit schwingt in Ihrem Körper im Herzchakra. Sie ermöglicht es Ihnen, sich zu öffnen, um mehr zu empfangen. Sie öffnet das Herz für Ihr Bewußtsein, und durch seine strahlende Liebe wird der physische Körper geheilt. Dies führt zu einer höheren, feineren Schwingung, und diese Schwingung zieht die Dinge an, die Sie möchten. Wenn Sie danken, antwortet Ihnen das Universum mit einem entsprechenden Ton oder Klang, der Ihnen noch mehr zukommen läßt.

Dankbarkeit kann auf die verschiedenste Art ausgedrückt werden – mental, verbal oder in geschriebener Form. Am allerwichtigsten ist die emotionale, von Herzen kommende Dankbarkeit. Gleichgültig, in welcher Form Sie Ihren Dank ausdrücken, wenn Sie es nachlässig und unachtsam tun, ohne Gefühl im Herzen, ist es nicht so wirkungsvoll, als wenn es mit voller Aufmerksamkeit und aus echter Dankbarkeit geschieht. Wenn Sie «danke» denken, wirkt das auf

Ihren Körper, und es ist sogar noch kraftvoller, wenn Sie es laut aussprechen. Waren Sie schon mit Menschen zusammen, die Ihnen immer danken? Ich meine nicht die, die es aus Gewohnheit tun oder weil sie sich ständig entschuldigen oder sich um Ihre Gunst bemühen. Ich beziehe mich auf jene Menschen, die es wirklich zu schätzen wissen, wenn Sie mit ihnen zusammen sind. Dadurch vermehrt sich das, was diese Menschen von anderen und von der Welt selbst erhalten.

Schreibt man Gedanken nieder oder spricht man sie aus, gelangen sie durch diesen Vorgang schneller in die Welt der Form als durch das Denken alleine. Wenn Sie etwas möchten, schreiben Sie es auf oder sprechen Sie die Bitte laut aus, denn der Vorgang des Sprechens oder Schreibens ist der Manifestation dieses Wunsches einen Schritt näher als der reine Denkvorgang. Die Hände und die Kehle stellen zwei wichtige Zentren der Manifestation dar. Drücken Sie Ihre Gedanken anderen gegenüber aus, werden sie Teil der Welt der Formen, und wenn Sie sie niederschreiben, kommen sie ihrer Verwirklichung noch näher. Es ist durchaus in Ordnung, seinen Dank nur im Geist auszudrücken. Auch das wird Ihnen weiterhelfen, aber es ist kraftvoller, seinen Dank dem Universum und anderen gegenüber laut auszusprechen. Das geschriebene «Danke» ist sogar noch wirkungsvoller als das gesprochene.

Wenn Sie Neues hervorbringen wollen
oder sich mehr von etwas wünschen,
das Sie bereits erhalten haben,
nehmen Sie Papier und Stift zur Hand
und schreiben Sie Ihren Dank
an das Universum nieder.

Machen Sie sich abends eine Liste von all den Dingen, die Sie tagsüber erhalten haben. Das kann etwas sein, das Sie sich gekauft haben, das Lächeln eines Fremden, ein angenehmes Gefühl oder eine besondere Energie, ein Auto, das Sie an Ihren Bestimmungsort gebracht hat oder Geld, das Ihnen zugeflossen ist. Sie werden über all die Gaben erstaunt sein, die Ihnen jeden Tag zukommen. Indem Sie anerkennen, was Sie erhalten haben, werden Sie mit dem Universum eine Verbindung herstellen, die es Ihnen ermöglicht, sogar noch mehr zu empfangen.

Sie könnten auch jemandem schreiben oder jemanden anrufen, der Ihnen geholfen hat, um ihm Ihre Wertschätzung auszudrücken. Je mehr Sie Ihre Dankbarkeit für das, was Sie besitzen, nach außen hin ausdrücken, um so mehr wandelt sich Ihre molekulare Schwingung von dichten Energien in feinere Bereiche um. Vielleicht haben Sie festgestellt, daß hoch entwickelte Wesen und große Lehrer viel Zeit dafür verwenden, dem Universum Freude und Dankbarkeit auszudrücken. In ihrer Meditation empfinden sie wahre Demut und Dankbarkeit für alles, was ihnen gegeben worden ist.

Wie wirkt Dankbarkeit auf die verschiedenen Körper? Wenn Sie Dankbarkeit empfinden, erfährt der physische Körper tatsächlich eine Veränderung. Wenn Sie z. B. über Ihre gute Gesundheit erfreut sind, senden Sie damit eine Botschaft an die Zellen Ihres Körpers aus. Sie reagieren darauf, denn jede Ihrer Zellen trägt in sich das Hologramm Ihrer Ganzheit. Jede Zelle verfügt über eine eigene Bewußtheit. (Die Zellen «denken» nicht auf dieselbe Weise, wie Sie denken.) Ihr Körper besteht aus vielen verschiedenen Zellen. Sie funktionieren auf einer Bewußtseinsebene, die sich von der Gesamtbewußtheit, «Ich» genannt, unterscheidet.

Auch den Zellen tut Ihre Wertschätzung gut. Wenn Sie ein gesundheitliches Problem heilen möchten, erinnern Sie sich nicht an die Zeiten, in denen Sie krank waren, und machen Sie sich keine Sorgen über zukünftige Probleme oder Schmerzen, sondern danken Sie Ihrem Körper für all die wunderbaren Dinge, die er so gut für Sie erledigt. Wenn Sie ihm öfter Ihre Dankbarkeit zeigen, werden Sie feststellen, daß er sogar noch mehr für Sie leistet. Ihre Zellen verstehen das Gefühl der Dankbarkeit eindeutig und werden versuchen, noch besser für Sie zu arbeiten.

Machen Sie sich bewußt, wie gewandt sich Ihr Körper bewegt, wie er funktioniert und Sie überall hinbringt. Danken Sie ihm dafür, daß er Ihre Nahrung zu Energie umwandelt und Ihnen so gut dient. Wenn Sie aber Ihren Körper betrachten und ihn herabsetzen: «Ich mag meine Schenkel nicht, ich mag meinen Bauch nicht usw.», und sich über ihn beklagen, werden Sie feststellen, daß er nicht so gut darauf reagiert. Denken Sie daran, Ihr Körper besteht aus Millionen kleiner Wesenheiten – den Zellen –, die Gefühle haben. In dem Moment, wo Sie sich entschließen, sie wirklich zu schätzen, verändern Sie Ihre physische Schwingung. Die Zellen machen sich sofort an die Arbeit und steigern Ihre Energie. Ein negativer Gedanke der Undankbarkeit senkt dagegen die Energie.

Dankbarkeit wirkt heilend auf die Gefühlswelt.

Sie verbindet den Gefühlskörper mit dem Herzen und dadurch mit der Seele, die man über das Herz erreicht. Der Gefühlskörper umgibt Sie wie ein ruheloser, ständig schwingender Energiefluß. Wenn Sie dankbar sind, Ihr Leben zu würdigen wissen und andere Menschen, Ereignisse und die höheren Kräfte anerkennen, wird das Energie-

135

muster, das Ihren Gefühlskörper bildet, umgestaltet. Sie erhalten eine höhere, feinere Schwingung. Was das Anziehen von Ereignissen, Menschen oder Objekten anbelangt, sind Ihre Emotionen der stärkste Magnet. Je ruhiger und losgelöster Sie sind, um so leichter werden Sie erhalten, was Sie sich wünschen. Sie brauchen nur Ihren Willen und Ihre Absicht direkt darauf auszurichten. Je friedlicher und gelassener Sie sind, um so leichter können Sie sich auf Ihr höheres Wesen konzentrieren und um so mehr können Sie empfangen.

Ein Gefühl tiefer Dankbarkeit wirkt beruhigend und steigert gleichzeitig die Schwingung Ihres Gefühlskörpers. Das Herz ist am meisten betroffen. Es ist am leichtesten durch Dankbarkeit zu erreichen. Wenn Sie sich über das Herz mit jemandem verbinden wollen, dann fühlen Sie einfach, wie sehr Sie ihn schätzen. Indem Sie Ihre Wertschätzung telepathisch ausdrücken, beenden Sie automatisch jeden Machtkampf. Wenn Sie in dieser Woche Freunde treffen, achten Sie auf das Gute in ihnen und zollen Sie ihnen Anerkennung. Gehen Sie sicher, daß es von Herzen kommt und nicht «konstruiert» wird. Gelingt es Ihnen, den anderen etwas zu sagen, das Dankbarkeit für ihr Wesen ausdrückt, wird der Kontakt unmittelbar über die Herz-Ebene ablaufen.

Durch Dank und Wertschätzung öffnen sich viele Türen zu den höheren Ebenen des Universums.

Wertschätzung ist eine Pforte zum Herzen. Sie öffnet das Herz und gibt Ihnen die Möglichkeit, mehr Liebe im Leben zu erfahren. Seien Sie in der kommenden Woche für jeden Menschen, dem Sie begegnen, dankbar (sofern Sie sich an diesen Vorsatz erinnern). Ob es ein Freund, Geliebter, ein Fremder oder ein Mitarbeiter ist, versuchen Sie, ihm/ihr Ihre Dankbarkeit zu senden. Fühlen Sie, daß Sie etwas an diesem Menschen von Herzen schätzen können. Dankbarkeit bringt Sie von der Kopflastigkeit und vom ständigen Urteilen weg. Viele von Ihnen sind in ihre eigenen Gedanken verwickelt, und wenn Sie danken, lösen Sie sich dadurch aus dem Verstandesbereich von richtig oder falsch, gut oder böse, und das führt Sie direkt ins Herz. Wenn Sie die Verstandesebene nur für einen kurzen Augenblick verlassen, kann das Universum direkter auf Sie wirken. Oft sind die mentalen Aktivitäten, die in den meisten von Ihnen vor sich gehen, so verwirrend, daß es Ihnen dadurch schwerer fällt, zu erhalten, wonach Sie sich sehnen.

Kann Ihr Mentalkörper (der Teil in Ihnen, der die ganze Zeit über denkt) Dankbarkeit empfinden, bringt das Ihre ganzen Sorgen, den Zweifel und die Skepsis zum Schweigen. Alle Ihre «Selbste» werden unter einer neuen Flagge zusammengeführt. Es kann das Tor zu einer neuen energetischen Ebene darstellen. Sobald Sie ärgerlich oder besorgt sind und etwas erleben, das Sie als nicht heilsam empfinden, halten Sie kurz inne und danken Sie für all das Gute, das Sie schon besitzen.

Dieses Gefühl der Dankbarkeit ermöglicht Ihnen den Zugang zum abstrakten Denken, dem Teil von Ihnen, der linke und rechte Gehirnhälfte, also die männliche und weibliche Seite in Ihnen, verbindet. Das abstrakte Denken ist nicht ausschließlich in der linken Gehirnhälfte lokalisiert, die Zahlen und Logik verarbeitet. Es ist aber auch nicht spezifisch für die rechte Gehirnhälfte, der Kreativität, Intuition und Fühlen zugeordnet sind. Es stellt die Synthese beider Seiten dar. Die Vereinigung erfolgt, wenn Sie imstande sind, in Ihre Vorstellungen auch Realitäten und

137

Bezugsrahmen einzubauen, die nicht Ihrer üblichen Denkweise entsprechen. Sie fühlen es als Licht, das plötzlich durchdringt, als neue Lösung für ein altes Problem, als Inspiration oder Offenbarung.

Im Bereich des abstrakten Denkens könnten Sie Ihr Leben als Ganzes überschauen. Leider verbringen Sie nur wenig Zeit in diesem Teil von sich. Er kennt viele neue Denkweisen, er besteht jenseits Ihrer üblichen Vorstellungswelt. Im abstrakten Bereich denkt man nicht auf die gewohnte Weise. Es ist der geniale Teil, der in jedem von Ihnen schlummert. Er verwendet die höchste Form des Denkens, über die Sie verfügen. Er könnte Ihrer Entwicklung sehr dienlich sein, wenn Sie bereit wären, ihn öfter einzusetzen.

Es liegt an Ihnen,
sich öfter auf eine höhere Ebene
des Denkens zu begeben.

Dankbarkeit führt Sie direkt zum Herzen und so zum abstrakten Denkbereich. Indem Sie danken, ermöglichen Sie dem Licht, vom Herzen ins Kronenchakra (oben an der Schädeldecke) zu fließen. Da sich Ihr Herz weiter öffnet und mehr Licht einläßt, können Ihnen viele neue Ideen und Gaben zufließen. Vielleicht machen sie sich erst in einer Woche oder einem Monat bemerkbar, aber Sie haben eine Pforte geschaffen, durch die Ihnen viel Gutes zukommen kann. Stellen Sie sich vor, daß Ihnen die Dankbarkeit erlaubt, in Ihr eigenes Schwingungsfeld einzugreifen und es zu verändern, um auf die höheren Ebenen des Wissens zu gelangen, die im Universum zugänglich sind. Das Universum hört Ihren Ruf, ein «Danke» wird eindeutig erhört und auch geschätzt, und Sie werden diese Energie zurückerhalten.

Jeder von Ihnen hat Wünsche. Sie bilden jenen Teil, den ich «Wunsch-Körper» nenne. Es gibt einfach Dinge, die Sie sich vom Leben wünschen. Wenn ich Sie fragte, was Sie sich wünschen, was für Sie genau in diesem Augenblick am wichtigsten wäre, könnten Sie mir die Antwort geben, wenn Sie kurz innehielten, um darüber nachzudenken. Durch Dankbarkeit beeinflussen Sie Ihren Wunsch-Körper. Der Wunsch-Körper ist ziemlich unruhig, ähnlich wie der Gefühlskörper. Er konzentriert sich ständig auf das, was er nicht hat und noch gerne haben möchte. Er erfüllt natürlich einen Zweck, da er Ihnen neue Formen, Motivationen und kreative Energien zugänglich macht. Aber er kann Ihnen auch ein Gefühl der Gehetztheit vermitteln – indem er Sie an all die Dinge erinnert, die noch zu tun und zu schaffen sind.

Wenn Sie zu viele unerfüllte Wünsche in sich tragen, kann Sie das geradezu überwältigen. Dankbarkeit kann Ihre Wünsche dahingehend beeinflussen, daß Sie ruhiger werden und gleichzeitig sehen, wieviel Sie aufgrund Ihrer Wünsche schon erreicht haben. Stellen Sie es sich so vor, als gebe es einen gesonderten Teil von Ihnen, der sich aus all den Dingen zusammensetzt, die Sie sich gewünscht haben. Wenn Sie danken, stärken Sie dieses Selbst, denn es konzentriert sich meist nicht auf das, was Sie bereits erreicht haben, sondern erklärt Ihnen, was Sie noch tun und wieviel härter Sie noch arbeiten könnten usw. Dieses Selbst hat immer lange Listen von Dingen bereit, die noch zu erledigen sind – am besten, Sie beruhigen es, sprechen mit ihm und vermitteln ihm Vertrauen. Das läßt sich erreichen, indem Sie einmal alles, was Sie getan haben, in Dankbarkeit betrachten. Dadurch wird dieser Teil von Ihnen in seiner Fähigkeit, noch mehr hervorzubringen, gestärkt.

Ein weiterer Körper ist der «Willenskörper». Jeder von Ihnen hat eine andere Vorstellung davon, was Wille sei. Eine andere Bezeichnung ist «Willenskraft».

**Wille ist die Fähigkeit,
seine Energie dorthin zu lenken,
wohin man sie haben will.**

Viele von Ihnen wollen in einen höheren, verfeinerten energetischen Bereich eintreten, in dem mehr Friede, Freude, Zufriedenheit und Losgelöstheit herrschen. Der Wille ist eine Energie, die Sie ständig durchströmt. Wenn Sie danken, stärken Sie Ihren Willen. Nicht die Willenskraft, sondern den Willen, der mit dem Herzen verbunden ist, der auf die Dinge zustrebt, die Sie lieben. Je mehr Sie sich selbst schätzen und alles in Ihrem Leben wirklich anerkennen, um so stärker wird sich Ihr Herz mit dem Willen verbinden. Das gibt Ihnen die Möglichkeit, jene Dinge zu erwirken, nach denen sich Ihr Herz sehnt.

Wertschätzung, Dankbarkeit und das Gesetz der Vermehrung

Übungsbogen

1) Welche Dinge in Ihrem Leben, die Sie bereits besitzen, schätzen Sie ganz besonders?

2) Welche Menschen sind Ihnen wertvoll?

3) Welchen Ihrer Vorzüge – an Körper und Geist – betrachten Sie als wertvoll?

Vorschläge:
Rufen Sie jemanden an oder schreiben Sie ihm/ihr, um damit Ihre Wertschätzung auszudrücken.

XII
Inneren Frieden fühlen

Was ist innerer Friede? Jeder von Ihnen hat eine bestimmte Vorstellung davon, was innerer Friede sei. Sie haben diesen geistigen Zustand schon oft erlebt, manchmal für Augenblicke oder sogar für eine Stunde. Sie wissen also, wie sich innerer Friede anfühlt. Ein Teil Ihres Wachstums besteht darin zu lernen, wie Sie selbst dieses Gefühl schaffen können, ohne davon abhängig zu sein, daß sich äußere Dinge in einer bestimmten Weise entwickeln oder andere in einer bestimmten Form auf Sie reagieren. Sie schaffen diesen Frieden als etwas, was Sie *sind,* was Sie mit anderen teilen und an sie weitergeben können. *Sie* werden zum Zentrum und strahlen das Licht Ihrer Seele nach außen, anstatt zu *reagieren* und darauf zu warten, daß sich andere (bzw. Situationen oder Ereignisse) so verhalten, wie es für Ihren inneren Frieden nötig scheint.

Den inneren Frieden von einer höheren Ebene aus zu schaffen bedeutet, zu lernen, wie man sein Herz öffnet. Es bedeutet, daß Sie den Dingen, die in Ihrer Umgebung ablaufen, nicht zu sehr verhaftet oder zu stark auf sie ausgerichtet sind. Sie wissen, wer Sie sind und lassen die Dinge um sich einfach fließen, ohne daß sie Ihren inneren Frieden berühren oder beeinträchtigen könnten. Sie können lernen, die Energie in Ihrer Umwelt aus Ihrem inneren Zentrum heraus zu berühren und zu beeinflussen. Das ist Friede. Das Herz zu öffnen bedeutet, offen zu bleiben und zu lieben, unabhängig davon, was jemand anderer tut, was mit Ihnen geschieht oder was sich in Ihrem Berufsleben abspielt. Es bedeutet, sich für den inneren Frieden zu *entscheiden,* gleichgültig, wie Ihr äußerliches Leben im Moment verlaufen mag. Es ist einfach, liebevoll und offen zu sein, wenn auch die Menschen in Ihrer Umgebung liebevoll sind. Die Herausforderung besteht darin, liebevoll zu sein, wenn die anderen verschlossen, ängstlich oder negativ reagieren.

***Der innere Friede
entsteht von innen her,
nicht von außen.***

Alles, dem Sie verhaftet sind, alles, was Sie auf eine bestimmte Weise haben *müssen,* jede Anschauung und jedes Konzept, das unbeweglich ist, stellt einen Bereich dar, in dem Ihr innerer Friede beeinträchtigt werden kann. Das Ziel besteht darin, mit diesem Gefühl des inneren Friedens alles in der Außenwelt zu beeinflussen und mit dieser Energie zu berühren. Doch zunächst muß dieses Gefühl des inneren Friedens entwickelt werden.

Eine der einfachsten Methoden dazu bietet die körperliche Entspannung. Sie kann durch physische Berührung, aber auch durch geistige Entspannung erreicht werden. Der Körper ist das Gefäß für viele rastlose Gedanken, und wenn es gelingt, den Körper in einen Zustand der Ruhe und des Friedens zu versetzen, kann der Geist lernen, diese Empfindungen wahrzunehmen und selbst zu entwickeln. Friede ist mehr als nur ein Gefühl körperlicher Entspannung. Es ist eine spezielle Ausstrahlung, eine Schwingung, die Sie aussenden und die alles in Ihrer Umwelt beeinflußt. Sie werden nach und nach verschiedene Stufen des inneren Friedens erleben, bis hin zur tiefsten Ruhe. Verschaffen Sie sich in der kommenden Woche eine Gelegenheit, bei der Sie inneren Frieden verspüren können. Vielleicht brauchen Sie einen besonders schönen Platz dazu, das Gefühl der Zeitlosigkeit, Musik, so daß Sie wirklich erfahren können, was Friede für Sie bedeutet. Aus diesem Bewußtsein und diesem Wissen heraus können Sie mit der Zeit alles verändern, was Sie in der Außenwelt wahrnehmen.

Warum ist innerer Friede so wertvoll? Für den Gefühlskörper ist es auf jeden Fall ein angenehmerer Zustand. Aber es ist weit mehr als das – es ist die Fähigkeit, die Außenwelt von Ihrer höchsten Ebene her zu beeinflussen, aus dem Bewußtsein des Sinns und dem inneren Wissen darum, wer man ist, etwas ins Leben zu rufen. Wenn Sie ruhig und gelassen sind, sich Zeit nehmen und sich entspannen, können Sie von einer höheren Ebene aus denken und wirken. Das, was Sie in dieser Bewußtheit hervorbringen und hier verwirklichen, dient Ihrem höheren Wohl.

Sie können auch etwas schaffen, wenn Sie sich angespannt, ängstlich oder besorgt fühlen. Doch es wird kaum zu Ihrem höchsten Wohl sein, wahrscheinlich bewirken Sie sogar Gegenteiliges. Wenn Sie Ihren inneren Frieden finden und von diesem Gefühl ausgehen, bevor Sie Pläne schmieden oder neue Überlegungen für Ihr Leben anstellen, werden solche Pläne eher Ihre höhere Bestimmung reflektieren und nicht nur die Wünsche Ihrer Persönlichkeit. Wenn Sie inneren Frieden fühlen, bevor Sie sprechen oder handeln, wird sich Ihre Welt bald in einen anderen Ort verwandeln.

Der innere Friede ist
die Verbindung zum wahren Selbst
und wird Ihnen helfen,
alle Angst loszulassen.

Angst ist eine niedrigere Energie, eine Schwingung mit niedriger Frequenz, die weniger Licht enthält. Sie kann durch Liebe verändert werden. Ein Ziel des inneren Friedens besteht darin, von Angst zu heilen. Vielleicht ist es die Angst, jemand könnte Sie verletzen oder ablehnen, Sie im Stich lassen oder vor Ihnen davonlaufen. Möglicherweise fürchten Sie, mit der Welt nicht zurechtzukommen. Sie haben Angst, sich ihr auszusetzen und zu versagen. Der innere Friede stellt eine Verbundenheit mit dem Herzen und die Bereitschaft dar, die Angst loszulassen. Lassen Sie alles los, was Sie zu verteidigen haben, und seien Sie bereit, verwundbar zu sein. Das bedeutet nicht, anderen etwas vorzumachen, sondern das durchscheinen zu lassen, was Sie wirklich sind, und zu wissen, daß das in Ordnung ist.

Innerer Friede enthält die Verpflichtung, übertriebene Selbstkritik und Selbstzweifel aufzugeben. Alles, was Ihnen andere Menschen über Sie sagen, ist die Spiegelung einer Stimme in Ihrem Inneren. Wie andere mit Ihnen sprechen, reflektiert ebenfalls die Art, wie sie mit sich selbst umgehen. Wenn Sie feststellen, daß Ihnen andere kritisch begegnen, fragen Sie sich zuerst, ob es einen Teil in Ihnen gibt, der ständig Selbstkritik übt.

Sobald Sie diese Selbstkritik loslassen, wird auch die Kritik von seiten anderer abnehmen. Bedenken Sie auch, daß alles, was Ihnen andere mitteilen, nur eine Reflexion dessen ist, was sie selber sind und wie sie die Welt betrachten. Vielleicht werden Sie vom anderen kritisiert, weil er sich selbst so kritisch gegenübersteht. Betrachten Sie die Handlungen und Worte der anderen als eine Darstellung deren eigener Anschauungen und lernen Sie, ruhig und zentriert zu bleiben.

Innerer Friede heilt. Sie brauchen sich nicht auf Ihre Ängste zu konzentrieren, um sie loszulassen. Indem Sie ein Gefühl des inneren Friedens entwickeln und jede Situation in Ihrem Leben im Sinne des Lichtes betrachten, wird sich Ihr Geist für neue Ideen, Lösungen und Antworten öffnen, die aus der Seele kommen. Innerer Friede ist die Verbindung zum spirituellen Selbst. Sie können ihn durch körperliche Entspannung, emotionelle Ausgeglichenheit und geistige Konzentration auf höhere Ideale und Eigenschaften erreichen. Wenn Sie nach oben gelangen wollen, um die höheren energetischen Bereiche zu erfahren und in ihnen zu leben, ist der innere Friede die Pforte dorthin.

Sobald Sie den Entschluß gefaßt haben, inneren Frieden zu erlangen, geschehen möglicherweise Dinge, die Sie in diesem Entschluß herausfordern. Vielleicht sagen Sie sich: «Ich kann ruhig bleiben, *außer* wenn *das* geschieht.» Das Universum schickt Ihnen dann diese Ausnahmen als eine Gelegenheit, neue, friedvolle Reaktionen zu entwickeln anstatt sich zu ärgern.

Sie können beschließen,
sich nicht mehr von der Außenwelt
beeinträchtigen zu lassen
und stattdessen die Umgebung
durch Ihren Frieden zu berühren.

Gleichgültig, was jeder Tag mit sich bringt, ob eine unerwartete Rechnung eintrifft oder jemand seine Meinung ändert, was auch in der Vergangenheit Ihre emotionelle Ausgeglichenheit, den geistigen Frieden oder Ihr körperliches Wohlbefinden gestört haben mag, beschließen Sie einfach, daß Sie jetzt Frieden, Heilung und Liebe ausstrahlen werden. Die Welt, die Sie umgibt, ist nur eine Illusion. Sie entsteht durch die Energien, die Sie aussenden. Alles ist möglich. Die Grenzen, die Sie sehen, der Teil von Ihnen, der meint: «Das ist unmöglich», sind nur Gedanken. Sie können durchaus verändert werden. Aus Ihrem inneren Frieden heraus können Sie das Licht Ihrer Seele in die Außenwelt reflektieren.

Inneren Frieden zu verwirklichen heißt, zu *handeln* anstatt zu *reagieren*. Es ist eine Haltung, eine Einstellung, eine Energie, die Sie in die Welt hinausfließen lassen. Es bedeutet, sich mit dem Universum auf Ihrer höheren seelischen Ebene verbinden zu können. Stellen Sie sich vor, daß Sie von vielen Energieströmen umgeben sind und wählen können, mit welchem Sie arbeiten wollen. Einen davon nennt man «Kämpfen». Wählen Sie ihn, erfordert es viel Anstrengung, bis Sie erhalten, was Sie sich wünschen. Einen weiteren nennt man «Freude». Wenn Sie ängstlich, angespannt und nervös sind, befinden Sie sich im ersten Strom. Wenn Sie auch nur einen Augenblick lang inneren Frieden herstellen können, verbinden Sie sich automatisch mit dem zweiten höheren Energiefluß der Freude.

Gerade jetzt leben viele Menschen, die Energieströme von Kreativität, Frieden und Licht hervorbringen und erfahren. Jedesmal, wenn Sie inneren Frieden erlangen, verbinden Sie sich mit allen Wesen, die solche höheren Energieströme schaffen und in ihnen leben. Vielleicht fließen Ihnen allmählich neue Ideen zu. Durch diese Haltung des Friedens können Sie alles anziehen, was Sie benötigen.

Wollen Sie inneren Frieden erfahren, gilt es, bereitwillig Ihr Herz zu öffnen. Wenn etwas geschieht, das Sie normalerweise veranlassen würde, sich zu verschließen oder zu verteidigen, sich zurückzuziehen und verletzt zu fühlen, haben Sie auch eine andere Wahl. Sind Sie stattdessen bereit, Ihr Herz ein wenig mehr zu öffnen und mehr Mitgefühl und Verständnis aufzubringen, werden Sie feststellen, wie Sie anderen Liebe senden können und in Ihnen selbst ein Gefühl des Friedens entsteht.

Sie entscheiden, wie Sie die Welt wahrnehmen wollen.

Vielleicht sagen Sie sich: «Ja, aber so ist mein Leben, das sind die Fakten. Würde sich doch nur die Lage verändern, hätte ich mehr Geld oder würde mich dieser Mensch nicht mehr so irritieren, dann könnte ich inneren Frieden finden.» Was Sie als real erleben, ist lediglich die Spiegelung Ihres Geistes. Wenn Sie sich entschließen, auf jeden Fall den inneren Frieden zu bewahren, können Sie alles verändern, was Sie jetzt als real empfinden und dabei neue Ideen und Anschauungen entwickeln, die auf einer höheren Ebene und auf bessere Weise wirken könnten.

Vergebung ist für inneren Frieden unbedingt nötig. Sofern es Menschen in Ihrer Vergangenheit gibt, gegen die Sie Groll hegen oder negative Gefühle verspüren, können Sie ihnen innerhalb weniger Minuten vergeben und dies alles loslassen. Wenn jemand Ihren Anruf oder Brief nicht beantwortet hat, Ihnen etwas schuldet oder Sie sehr verletzt hat, können Sie Ihre eigenen Energien durch Vergebung klären und sich lösen. Innerer Friede bedeutet, jegliche Verhaftung an etwas Beliebiges aufzulösen – sei es nun ein Mensch, der so handeln soll, wie Sie es wünschen, oder sei es, daß die Welt Ihren Erwartungen gerecht werden soll.

Wenn Sie diese Verhaftung loslassen, werden Sie feststellen, daß Ihr Leben sogar besser verläuft, als Sie es erwarten oder hätten planen können. Das heißt nicht, die Kontrolle über sein eigenes Leben aufzugeben, sondern es bedeutet, immer aus dem inneren Zentrum des Friedens heraus zu handeln.

Treffen Sie jetzt, in diesem Augenblick, die Entscheidung, inneren Frieden in Ihr Leben zu bringen. Beschließen Sie einfach, Ihr Herz noch weiter zu öffnen und so mehr Mitgefühl, Verständnis, Liebe und Vergebung für alle Menschen aufzubringen, die Sie kennen. Formen Sie ein geistiges Bild der kommenden Woche, wo Sie sich selbst sehen, wie Sie aus diesem gänzlich neuen Zentrum des Friedens heraus handeln. Sehen Sie das Lächeln auf Ihrem Gesicht und die Freude in Ihrem Herzen.

Wählen Sie einen beliebigen Punkt in Ihrem Leben, mit dem Sie in Frieden kommen möchten, etwas, worauf Sie wahrscheinlich immer re-agiert haben, und machen Sie sich ein Bild davon, wie Sie all das auflösen, wie Sie vergeben und loslassen und in dieser Sache inneren Frieden finden. Aus diesem Bewußtsein heraus werden Sie sehen, wie die Welt, die Sie erleben, den Frieden widerspiegelt. Andere Leute, Ereignisse oder Situationen brauchen keinerlei Reaktion in Ihnen auszulösen. Bewahren Sie Ihre friedvolle Zentriertheit, werden Sie die Ereignisse verändern, die Sie gestört und aus der Ruhe gebracht haben. Falls sie sich nicht verändern, werden sie zumindest Ihr Wohlbefinden nicht mehr beeinträchtigen. Sie können Ihre Mitte, das Licht Ihrer Seele und Ihres wahren Wesens in der Welt, wie Sie sie erfahren, gespiegelt und verwirklicht sehen.

Inneren Frieden fühlen

Übungsbogen

1) Erinnern Sie sich an drei Gelegenheiten, bei denen Sie inneren Frieden empfunden haben. Spüren Sie dieses Gefühl des Friedens ganz intensiv und beschreiben Sie es hier.

2) Was kann Sie aus der Ruhe bringen? Beenden Sie folgenden Satz: «Ich kann ruhig bleiben, außer wenn...» (z. B. «Außer wenn mein Chef schlechte Laune hat.»)

3) Sagen Sie sich selbst: «Der Teil von mir, der nicht in Frieden ist, ist nur klein und ich identifiziere und verbinde mich jetzt mit meinem stärkeren, wahren Selbst. Diese starke Seite sendet nun mehr Licht in diesen kleinen, ängstlichen Teil von mir.»

4) Jetzt formulieren Sie jede der oben aufgezeichneten Feststellungen auf positive Weise um – «Mein starkes, inneres Selbst bleibt zentriert, auch wenn mein Chef schlechte Laune hat.» Während Sie das tun, erlauben Sie sich, die Stärke Ihres weisen, vertrauensvollen Selbst zu fühlen. Vergeben Sie, lassen Sie jede Situation los, die Ihren inneren Frieden beeinträchtigt.

XIII
Wie man Gleichgewicht, Stabilität und Sicherheit erreicht

Sie können Stabilität erreichen, indem Sie ruhig werden und ein wenig nachdenken, bevor Sie handeln. Ständige Aktivität ohne Pause mag für manche Aufgaben angebracht sein, aber es ist sicherlich nicht immer der richtige Weg, ausschließlich so vorzugehen. Viele von Ihnen sind den ganzen Tag über ständig in Bewegung, gehen von einer Sache zur anderen über, gerade wie Ihnen etwas einfällt oder etwas Ihre Aufmerksamkeit erregt. Wenn Sie Stabilität und Gleichgewicht entwickeln wollen, halten Sie mehrmals am Tag inne und achten Sie auf das, was Sie tun. Verändern Sie Ihre Perspektive. Setzen Sie sich in Ruhe hin und betrachten Sie Ihre Gedanken von einer ruhigeren Bewußtseinsebene aus. Dazu gehört auch, daß Sie Ihre Emotionen in einen Zustand der Ruhe und des Friedens bringen. Wenn Sie Ihre Haltung verändern, sich setzen und die Hände seitlich vom Körper ruhen lassen, verändern Sie damit auch Ihre Atmung. Sobald es in Ihrem Körper nur mehr die Bewegung Ihrer Gedanken gibt, können Sie auf eine andere Weise denken. Vielleicht spüren Sie in diesem Augenblick, wie Ihre Verbindung zum Höheren Selbst allmählich stärker wird. Wenn Sie während Ihrer täglichen Aktivitäten manchmal innehalten, den Körper entspannen und Ihren Geist und die Gefühle zur Ruhe kommen lassen, werden Sie viele neue Möglichkeiten entdecken, die Geschehnisse in Ihrem Leben zu betrachten. Sind Sie jedoch ständig in Bewegung, läuft Ihr Denkprozeß anders ab, als wenn Sie sich einfach setzen und ruhig werden. Indem Sie den physischen Körper zur Ruhe bringen, ermöglichen Sie Ihrem Geist, in Ihre Gedankenwelt einzufließen, vor allem, wenn Sie sich friedlich und gelassen fühlen.

Sie können Gleichgewicht und Festigkeit erreichen, indem Sie mit Ihrem Höheren Selbst Rücksprache halten, bevor Sie handeln, besonders, wenn es um Wichtiges geht. Damit geben Sie sich die Gelegenheit, die Dinge noch einmal unter den verschiedensten Gesichtspunkten zu betrachten. Und das bedeutet auch, sich immer genügend Zeit zuzugestehen, um eine Sache gut zu machen. Viele Dinge, die Sie aus dem Gleichgewicht bringen, lassen sich vermeiden, wenn Sie sich vor dem Handeln genug Zeit zum Nachdenken nehmen, nach dem Motto: »Erst denken – dann handeln.« Sie brauchen nicht vor jeder Handlung innezuhalten, aber sie können Ihr Leben viel einfacher und angenehmer gestalten, wenn Sie eine wichtige Angelegenheit zuerst kurz überdenken, ob es nun um den Kauf eines neuen Autos oder die Unterzeichnung eines Vertrages geht. Alle Veränderungen können Gleichgewicht und Frieden bringen, sobald man mit Bedacht vorgeht. Sind Sie jedoch ständig in Bewegung, treffen Sie vielleicht Entscheidungen oder tun Dinge, die zu Krisen und Problemen führen.

Wenn Sie in einer Ihnen wichtigen Sache eine Entscheidung zu treffen haben, überstürzen Sie nichts. Nehmen Sie sich Zeit, darüber nachzudenken, lassen Sie die verschiedenen Zukunftsvarianten im Geiste ablaufen und machen Sie sich die Konsequenzen bestimmter Handlungen bewußt. Ihre Welt hat den Vorteil, daß es in ihr Aktion und Reaktion gibt. Durch jede Handlung setzen Sie Wellen in Bewegung, wie Wellen, die auf einem Teich entstehen, wenn man einen Stein hineinwirft. Alles, was Sie tun, beeinflußt zukünftige Wahrscheinlichkeiten und führt zu Veränderungen auf Ihrem Lebensweg. Je besser Sie vorhersehen können, was alles durch Ihr Tun beeinflußt wird, um so mehr Freude und Ausgewogenheit wird sich in Ihrer Zukunft ergeben. Ihr Standpunkt wird sich erweitern und Ihr Handeln weiser werden.

Ihre Einstellung bestimmt, wie Sie die Welt erleben.

Es ist die Art und Weise, wie Sie auf bestimmte Dinge reagieren. Bei einer Einstellung, die Freude hervorbringt, werden alle Vorgänge durch den Filter der Freude interpretiert. Ihre Einstellung und Sichtweise wirken wie ein Filter. Eine positive, optimistische Haltung filtert die negativen und gröberen Erfahrungen aus.

Ihre Einstellung zeigt sich in den Worten, die Sie gebrauchen, wenn Sie mit sich selbst sprechen. Vielleicht ist es Ihnen gerade gelungen, ein langersehntes Ziel zu erreichen. Eine positive Haltung meint dazu: »Gratuliere! Du hast deine Sache gut gemacht.« Dieses Lob Ihres freudigen Selbst hilft Ihnen Ähnliches wieder zu erreichen. Eine freudige Einstellung wirkt magnetisch, und jeder Augenblick der Freude zieht einen weiteren an. Fröhliche, unbeschwerte Gefühle sind in ihrer Kreativität immer stärker als negative Emotionen.

Stabilität entsteht durch eine ausgewogene Geisteshaltung. Ihre Reaktion auf die Dinge, die Ihnen widerfahren, ist für Ihr inneres Gleichgewicht verantwortlich. Reagieren Sie z. B. auf die Probleme eines Freundes mit Ärger oder Trauer, haben Sie Ihre Mitte verlassen und sich durch die Energie des anderen beeinträchtigen lassen.

Sowie Sie in Ihrem Leben mehr Gleichgewicht und Stabilität herstellen, werden Sie beobachten können, wann Sie von Problemen anderer beeinträchtigt werden. Das ist am leichtesten erkennbar, wenn diese Probleme keinen Einfluß auf Ihr Leben haben und Sie nicht direkt betreffen, Sie aber trotzdem ärgerlich oder betrübt reagieren. Achten Sie auf die Situationen, in denen Ihr Gleichgewicht durch die Unausgeglichenheit einer anderen Person gestört wird. Der nächste Schritt besteht darin, sich klarzumachen, daß das eigene Gleichgewicht nicht davon abhängig ist, ob andere auf ausgewogene Weise reagieren.

Viele von Ihnen lassen es immer wieder zu, daß sie ebenfalls mit Unsicherheit und Unausgeglichenheit reagieren, wenn sich jemand in Ihrem Umfeld so verhält. Wenn man Ihnen sagt, daß Sie etwas falsch gemacht haben oder Sie für etwas beschuldigt, können Sie – anstatt wütend zu werden – auch beschließen, Ihr Gleichgewicht zu bewahren, obwohl der andere dazu nicht imstande ist. Sobald seine Energie in Sie eindringt und Sie spüren, wie Sie Ihre Mitte verlieren, machen Sie sich bewußt, daß Sie in seiner Unausgeglichenheit mitschwingen. Um diese Reaktionsweise zu verhindern, senden Sie ihm Ihre Liebe. Dadurch kräftigen Sie Ihre eigene Stabilität wieder und verbinden sich mit dem Höheren Selbst.

Gleichgewicht bedeutet, den Mittelweg zwischen Gegensätzen zu finden. Sie sind ständig damit beschäftigt, das Gleichgewicht zu wahren, einmal ganz direkt über den Mechanismus des Innenohrs und symbolisch beim Jonglieren in Ihrem Leben. Ihr Bild von Gleichgewicht wird letztlich Wirklichkeit werden.

**Sie erschaffen Gleichgewicht,
indem Sie es visualisieren.
Seien Sie sich bewußt, ob auch genau
das Bild von Gleichgewicht entsteht,
das Sie anstreben.**

Einige unter Ihnen finden Gleichgewicht langweilig. Ein bestimmtes Maß an Unausgewogenheit ist ihnen lieber, denn so können sie Dramatik und intensive Emotionen erleben. Sie sind sicherlich schon Menschen begegnet, deren Leben ständig in Aufruhr ist, die von einer Krise in die andere schlittern. Ihre Vorstellung von Gleichgewicht besteht im Hin- und Herpendeln zwischen Extremen.

Für andere bedeutet der Gedanke an Ausgewogenheit und Stabilität emotionelle Leere, etwas, das furchterregend zu sein scheint. Sobald man höhere Realitätsebenen erreicht, werden die Emotionen sehr ruhig. Sie ähneln dann einem glatten See, der jede Wolke und jeden Baum widerspiegelt. Allerdings fürchten sich viele Menschen davor, keine Gefühle zu haben. Sie werden deshalb alles Mögliche tun, nur um Aufmerksamkeit zu erhalten. Oft verursachen sie Ärger und Schwierigkeiten, weil sie Angst haben, daß man sie, wenn alles ruhig verläuft, nicht mehr beachtet. Besser negative Aufmerksamkeit als gar keine!

Manche von Ihnen benötigen intensive Emotionen, um zu spüren, daß sie am Leben sind. Aber intensive, dramatische Emotionen werfen Sie immer aus Ihrer Mitte. Einige von Ihnen meinen sogar, sie seien traurig oder deprimiert, wenn sie sich sehr friedlich fühlen und keine starken Emo-

157

tionen verspüren. Fragen Sie sich, ob etwas nicht stimmt, sobald Sie sich einmal ruhig fühlen? Sind Sie süchtig nach starken, intensiven Gefühlen? Fühlen Sie sich wohl, wenn alles friedlich und ruhig ist, oder machen Sie sich darüber Sorgen, welches Unglück als nächstes auf Sie zukommt? Man braucht Geduld, um sich an das Ruhig-Sein zu gewöhnen. Obwohl Sie vielleicht glauben, es sei einfach, ist es für die meisten Menschen schwerer, sich an eine friedliche Umgebung als an eine destruktive zu gewöhnen. Ist die Umgebung zu ruhig, werden viele Leute Unruhe verursachen, weil sie an Unruhe gewöhnt sind.

Verschiedene Menschen benötigen auch verschiedene Dinge, um ihr Gleichgewicht zu wahren. Manche Leute brauchen einen festen Arbeitsplatz, andere viel Freizeit, und wieder andere brauchen viel Aktivität und ständige Abwechslung. Gehen Sie nach innen und erinnern Sie sich an eine Zeit in Ihrem Leben, in der Sie sich stabil und ausgeglichen gefühlt haben. Können Sie sich an nichts erinnern, stellen Sie sich ein Symbol vor, das die Ausgewogenheit repräsentiert, die Sie gerne in Ihrem Leben verwirklichen würden. Jetzt sehen Sie sich selbst, wie ausgeglichen Sie in Zukunft sein werden. Ein Symbol, das etwas Bestimmtes für Sie darstellt, ist ein mächtiges Instrument, um das Gewünschte anzuziehen. Symbole wirken auf einer tieferen Bewußtseinsebene als Worte und umgehen Glaubenssysteme.

Gleichgewicht findet man in Mäßigung, nicht in Extremen. Das Gleichgewicht im Leben aufrechtzuerhalten bedeutet, alles im richtigen Maß zu tun. Mancher glaubt, alles wäre leichter, wenn er nur mehr Freizeit hätte. Jedoch stellen Leute, die keinen Beruf mehr ausüben, häufig fest, daß es sogar ein Zuviel an Freizeit geben kann. Es existiert für jeden ein Gleichgewicht zwischen Arbeit und Spiel, Schlafen und Wachen oder Geselligkeit und Alleinsein, das ihmdie meiste Freude und Zufriedenheit vermitteln wird. Nicht das Ausmerzen von Gegensätzen führt zum Gleichgewicht, sondern die Mäßigung in allem, was man tut. Man hört auf, wenn die Energie verbraucht ist, und wird aktiv, wenn sie wieder ansteigt. Es bedeutet, einen regelmäßigen, stetigen Rhythmus zu entwickeln.

Manche von Ihnen arbeiten oft noch weiter, obwohl ihre Energie schon längst verbraucht ist. Tun Sie jene Dinge, die Ihre Lebenskraft stärken. Es gibt immer die richtige Mischung aus Konzentration und Tagträumerei, Intellekt und Intuition, Ausruhen und Bewegung, die Ihnen Freude macht. Der größte Teil von Ihnen braucht Abwechslung, aber alle brauchen eines: Wachstum und Weiterentwicklung. Gleichgewicht bedeutet, eine ausgewogene Mischung von Aktivitäten zu finden, die Ihre Lebenskraft unterstützt und Ihnen erlaubt, Ihr Ziel in Freude zu verfolgen.

Manche Menschen fühlen sich ausgeglichen, wenn sie ruhig sind, andere wiederum, wenn sie ständig Aktivitäten nachgehen, wenn sich alles in ihrem Leben rasch weiterbewegt und viele Dinge gleichzeitig zu bewältigen sind. Einige verstehen unter Gleichgewicht, daß sie alles unter Kontrolle haben müssen und alles widerstandslos funktioniert. Durch die Art und Weise, wie Sie sich selbst in der Zukunft sehen, schaffen Sie genau jenes Maß an Gleichgewicht, das Sie später erleben werden.

Wahre Sicherheit entsteht, wenn alle Bedürfnisse vom eigenen Selbst befriedigt werden können.

Die meisten von Ihnen glauben, für ihre Sicherheit müßten sie etwas oder jemanden in der äußeren Welt finden, der ihnen *das* geben kann, was ihnen Sicherheit vermittelt. Niemand kann Ihnen auch nur irgend etwas geben, bevor Sie es sich nicht selbst zu geben vermögen. Wenn Sie es selbst nicht können, vermag es auch kein anderer. Alles, wonach Sie suchen, um sich sicher zu fühlen – sei es Geld, ein Freund oder eine Freundin, eine Heirat, ein Zuhause – wird dieses Bedürfnis nicht erfüllen, solange Sie keine innere Sicherheit gefunden haben.

Unter anderem glauben manche Menschen, sie brauchten Anerkennung, Lob, Liebe, Berühmtheit und Glück, um sich sicher zu fühlen. Oft wird die Liebe auf eine ganz bestimmte Weise vom anderen gefordert – soundso viele Anrufe die Woche, soundso viele Umarmungen, soundso oft muß der andere sagen: «Ich liebe dich.» Der Wunsch nach Sicherheit kann auch das Bedürfnis beinhalten, die Welt in Sicherheit zu wissen, zu fühlen, daß man etwas Besonderes ist, ein Teil von etwas ist. Viele von Ihnen erwarten von anderen, Ihnen genau das zu vermitteln, und werden ständig enttäuscht. Sie können Ihr Sicherheitsbedürfnis selbst befriedigen – Sie können sich selbst lieben, daran glauben, daß die Welt in Sicherheit ist und sich an Ihren Leistungen freuen und sie anerkennen. Denn letzten Endes kann nur Ihr Selbst diese Bedürfnisse erfüllen.

Auf der Suche nach einem höheren Ziel setzen sich viele von Ihnen andere Menschen und deren Leben zum Ziel. Sie möchten sich voll und ganz in das Leben des anderen einbringen, ihn an sich ziehen. Sie erwarten, daß er auf alles hört, was Sie ihm sagen, daß er allen Ihren Launen nachgibt und sich, wie man so schön sagt, von Ihnen «hingerissen» fühlt. Der Wunsch, sich in das Leben eines anderen einzumischen und sich mehr um seine Zukunft zu kümmern, als um die eigene, kann sogar das Bedürfnis, die eigene, höhere Bestimmung zu erfüllen, ganz zudecken. Wenn Sie Sicherheit erlangen wollen, indem Sie sich jemand anderen zur

Aufgabe machen, anstatt Ihr eigenes Wachstum an erste Stelle zu setzen, wird das Ergebnis immer enttäuschend sein. Zumindest werden Sie feststellen, daß das Bedürfnis nach eigenem Fortschritt nicht gestillt werden kann, indem Sie das Wachstum eines anderen zu Ihrer Lebensaufgabe machen.

Sicherheit erwächst Ihnen aus dem Wissen, daß es etwas Größeres in Ihrem Leben gibt, etwas, das Sie anstreben, das Sie anzieht, Sie ruft und vorantreibt. Im Vergleich dazu erscheinen die kleinen Verletzungen und unbedeutenden Ereignisse eher gering. Und doch suchen viele von Ihnen dieses Große in einem anderen Menschen anstatt im eigenen Wachstum.

Sie fühlen sich sicher,
indem Sie spüren,
wie Sie ständig wachsen,
mehr begreifen und
Ihren Horizont erweitern.

Vielleicht glauben Sie, Sie würden sich sicherer fühlen, indem Sie alles unverändert lassen und den Status quo beibehalten. Aber Sicherheit ist nur möglich, wenn Sie bereit sind, ein Risiko einzugehen, sich zu öffnen und immer mehr zu entdecken, wer Sie wirklich sind. Manche Menschen haben schon erkannt, daß sie nur noch ängstlicher und unsicherer werden, wenn sie jedes Risiko vermeiden, um die Sicherheit in ihrer Welt zu wahren. Die Angst nimmt immer ab, sobald man ihr einmal begegnet ist. Vielleicht haben Sie bemerkt, daß Sie sich auch in anderen Bereichen mutiger und stärker fühlen, nachdem Sie etwas Neues erlebt und getan haben.

161

Gleichgewicht bedeutet, mit den Dingen des Alltags auf eine Weise umzugehen, die Ihrer Ruhe und Gesundheit zuträglich ist und für Ihr Wachstum und höheres Ziel einen Beitrag leistet. Dadurch bleibt Ihr Alltag anregend für Sie, und es hilft Ihnen, morgens mit dem Bewußtsein aufzuwachen, daß das Leben lebenswert ist. Beschließen Sie, eine strahlende Quelle der Festigkeit und Ausgewogenheit für Ihre Mitmenschen zu sein. Gönnen Sie sich das, was Sie brauchen, um sich freuen zu können, und seien Sie bereit, ein friedvolles Universum zu akzeptieren, wenn es sich für Sie verwirklicht.

Wie man Gleichgewicht, Stabilität und Sicherheit erreicht

Übungsbogen

1) Denken Sie an einen Punkt, der in Ihrem Leben im Moment sehr wichtig ist. Das kann eine größere Anschaffung sein, ein Arbeitsplatzwechsel oder die Beendigung einer Beziehung. Notieren Sie diesen Punkt hier:

2) Setzen Sie sich in Ruhe hin und entspannen Sie sich. Lassen Sie Ihre tiefen, inneren Gefühle an die Oberfläche dringen. Nehmen Sie sich zumindest fünf Minuten Zeit, um über diese Sache nachzudenken. Bitten Sie um Führung durch das Höhere Selbst und die höheren Kräfte des Universums. Schreiben Sie hier all die neuen Gedanken auf, die Ihnen dazu einfallen.

3) Verweilen Sie in diesem ruhigen Zustand der Entspannung. Überlegen Sie sich, was Sie gerade jetzt tun könnten, um mehr Gleichgewicht und Stabilität in Ihr Leben zu bringen. Schreiben Sie diese Ideen hier auf:

4) Schaffen Sie in Ihrem Geist ein Symbol für Gleichgewicht und Stabilität oder zeichnen Sie es hier auf. Stellen Sie sich vor, daß es wächst, sich ausdehnt und noch stärker wird.

XIV
Klarheit –
ein Leben im Licht führen

Klarheit zu erreichen bedeutet, das Gesamtbild zu betrachten, längere Zeitabstände zu überschauen und die Sicht zu erweitern. Je weiter Ihr Horizont, um so größer die Klarheit. Aus der Fähigkeit eines großen Meisters, den Lebenszweck einer Seele zu erkennen, entstehen seine klare Vision und sein weiser Rat. Wie können Sie diese Art von Klarheit in Ihrem eigenen Leben entwickeln?

Die meisten von Ihnen bewegen sich gedanklich nur in kurzen Zeiträumen von Tagen oder Wochen, anstatt von einer erweiterten Perspektive auszugehen, die Jahre bzw. das gesamte Leben, das sie hier auf Erden verbringen, umfaßt. Sind Sie bereit, sich in Ihrer Ganzheit zu sehen, werden Sie allmählich verschiedene Ebenen der Klarheit entdecken, die den gegenwärtigen Moment betreffen. Das heißt nicht, daß Sie die genaue Form und wohin etwas führen wird, schon kennen müssen. Es bedeutet, je weiter Sie die Vorstellung von sich selbst ausdehnen, um so mehr Klarheit können Sie gewinnen. Wenn Sie sich in die Zukunft begeben müßten, um auf den heutigen Tag zurückzublikken, würden Sie zu einer neuen Ansicht von sich kommen, denn Klarheit erreicht man, indem man den Blickpunkt wechselt. Die meisten von Ihnen denken auf ganz bestimmte Weise und haben viele Gewohnheiten und Verhaltensmuster. Jedesmal, wenn Ihnen ein Durchbruch gelingt und Sie eine neue Art zu denken entdecken, gewinnen Sie mehr Klarheit.

Klarheit ist keine Sache, die man einmal erreicht und dann für immer besitzt, sondern eher die ständig fortschreitende Verfeinerung eines Bildes. Stellen Sie sich ein Boot auf der Suche nach einem Landeplatz am Ufer vor. Dicke Nebelschwaden ziehen auf und die Männer im Boot können nichts sehen, also können sie weder etwas unternehmen noch das Boot verlassen. Sobald sich der Nebel hebt, sehen sie sich weiter um und erkennen allmählich die verschwommenen Umrisse am Horizont, wo der Strand liegt. Aber sie wissen immer noch nicht, was dort genau ist, also unternehmen sie noch nichts. Sehr bald, sowie sich der Nebel aufgelöst hat, wird das Bild klar. Jetzt wissen sie, was vor ihnen liegt, und sie bereiten sich auf das Landemanöver vor. Dasselbe gilt für die Klarheit. Zuerst erscheinen die Ideen vage und verschwommen, denn auf diesem Weg nimmt die Essenz Form an. Sowie der Wahrnehmungsvorgang beginnt, taucht eine neue Idee oder eine neue Sichtweise auf, deren Form noch unklar ist. Oft ist es nur die momentane Empfindung, daß etwas nicht ganz in Ordnung ist. Möglicherweise macht es sich als unangenehmes Gefühl bemerkbar, denn Klarheit zu gewinnen erfordert auch, Verwirrung loszulassen. Vielleicht ist es eine Sehnsucht, ein Streben, ein Wunsch oder ein Bedürfnis. Es wird Teil Ihrer emotionellen Bewußtheit, sobald Sie es einmal wahrgenommen haben.

Gewöhnlich tritt Klarheit nicht plötzlich ein, denn sie wächst in einem ständigen Prozeß heran. Wenn Sie zuerst diese vage Unzufriedenheit verspüren, dieses Gefühl, daß Sie etwas verändern müßten, dann fragen Sie sich: «Wie kann ich dieses Bild schärfer wahrnehmen?» Je präziser Sie Ihre Erfahrung erfassen können, um so schneller werden Sie Klarheit gewinnen.

Nehmen Sie sich einen beliebigen Bereich vor, in dem Sie dieses Unbehagen oder diese Verschwommenheit verspüren, und konzentrieren Sie sich darauf, während Sie alle anderen Gedanken ausschalten. Verdeutlichen Sie sich genau, was dieses Unbehagen eigentlich ist. Wenn Sie sich z. B. auf die Verschwommenheit konzentrieren und versuchen, ihr einen Namen zu geben, werden Sie schließlich einen Gesichtspunkt finden, bei dem «der Groschen fällt». Sowie Sie diesen Standpunkt übernehmen, besitzen Sie Klarheit. Klarheit erlangt man durch Suchen und Finden der benötigten Informationen, und indem man geduldig das Licht der Weisheit anstrebt, das einem zu einer höheren Entscheidung verhilft.

Klarheit erfordert oft eine Sichtweise, die die Dinge in ein brauchbares Format bringt, sodaß sie zu Ihnen passen und dem entsprechen, wer Sie sind. Dann können Sie erst danach handeln. Der Handlung geht immer eine Entscheidung voraus, und zu der Entscheidung kommt man durch Klarheit, vorausgesetzt, man geht von seiner höchsten Ebene aus.

Welchen Wert hat Klarheit eigentlich? Wie kann Ihnen Klarheit nützen? Sie wird Ihnen helfen, keine Zeit zu verschwenden, ja sie kann Ihnen sogar Jahre auf einem langsamen Entwicklungsweg ersparen. Klarheit bedeutet, sich Zeit zu nehmen, um über die bedeutsamen Punkte in seinem Leben nachzudenken. Es ist wichtiger, etwas zu überdenken, als gleich alles in die Tat umzusetzen. Viele von Ihnen möchten handeln, um Ergebnisse zu erzielen. Es ist relativ leicht, die richtige Vorgehensweise zu finden, wenn Sie bereit sind, die Dinge zu überdenken, auf Ihr verständigeres Höheres Selbst zu hören, sich zu konzentrieren und die Gelegenheit zu schaffen, Ihre Erkenntnis in die Tat umzusetzen.

> ***Klarheit entsteht durch***
> ***geistige Konzentration,***
> ***gedankliche Sammlung***
> ***und bewußte Aufmerksamkeit.***

Sie können Klarheit gewinnen, indem Sie Ihren Geist lehren, bei der Definition von Erfahrungen genau und präzise vorzugehen. Klarheit bedeutet, sich auf einen energetischen Bereich zu konzentrieren bzw. in ihm zu leben, der von anderen nicht gestört werden kann. Je klarer Ihre Energie, um so weniger werden Sie durch andere beeinträchtigt, um so weniger werden Sie die Wünsche und Erwartungen anderer berühren und um so klarer wird Ihr Lebensweg verlaufen. Sie benötigen in jedem Ihrer Lebensbereiche Klarheit, nicht nur, um Ihr höheres Ziel zu erreichen.

Formulieren Sie Ihre Absicht *klar*. Was wollen Sie aus Ihrem Leben machen? Wollen Sie wachsen? Glücklich sein? Froh sein? Wollen Sie dienen oder heilen? Je höher die Ebene der Klarheit, von der Sie ausgehen, um so mehr wird Ihnen von dieser Energie in all Ihren Lebensbereichen zufließen. Der Sinn Ihres Lebens ist der wichtigste Punkt, über den Sie Klarheit gewinnen sollten. Liegt dieses Ziel klar vor Ihnen, wird Ihnen auch für alles andere im Leben eine klare Energie zukommen. Vielleicht fragen Sie sich: «Was bedeutet ‹Lebenszweck› im Grunde genommen?» Es ist diese tiefe Sehnsucht in Ihrem Inneren, das, was Ihnen die meiste Freude bereitet, das, woran Sie denken, wovon Sie die ganze Zeit über träumen. Es ist dieses starke Drängen Ihrer Seele, die Motivation, der Traum, der in Ihnen wohnt. Nachdem Sie sich über Ihren Lebenszweck im klaren sind, folgt die nächsthöhere Ebene der Klarheit, nämlich die Klarheit in der Absicht. Wie wollen Sie Ihr Lebensziel erreichen? Und was weit wichtiger ist, haben Sie auch tatsächlich die Absicht, es zu tun? Die klare Absicht enthält das Bild, die Vision. Wenn Sie etwas beabsichtigen, haben Sie vielleicht schon eine klare Vorstellung vom Endergebnis bzw. Ziel – vielleicht auch nicht. In gewissem Sinne bedeutet Klarheit in der Absicht, daß Sie ein Bild davon haben, wohin Sie gehen bzw. eine Vorstellung von dem Prozeß, den Sie erleben wollen, bis Sie ans Ziel gelangt sind. Vielleicht wollen Sie einfach ein glückliches Leben führen oder eine klare Absicht entwickeln, um eine Sache zu erledigen.

Nach der Klarheit in der Absicht folgt die Klarheit in der Motivation. Aus welchen Motiven heraus handeln Sie? Gleichgültig, was Sie auch tun mögen, machen Sie sich bewußt, warum Sie so vorgehen. Welchen Nutzen ziehen Sie daraus? Was erwarten Sie sich davon? Sehr oft erkennt man erst, daß es an Klarheit mangelte, nachdem man bereits gehandelt hat und das erwünschte Ergebnis nicht eingetreten ist. Vielleicht haben Sie etwas geschaffen, wovon Sie glaubten, es sich zu wünschen, und dann stellen Sie fest, daß es nicht das war, was Sie wollten. Hätten Sie sich vorher klar gemacht, was Sie wollen und was Sie sich davon versprechen, wäre es für das Universum leichter gewesen, es Ihnen in anderer Form zukommen zu lassen.

Ebenfalls wichtig ist die Klarheit in der Übereinkunft. Auf jeder Ebene persönlicher und zwischenmenschlicher Beziehungen, in jeder Geschäftsverbindung, in jeder Gruppe und jedem geschäftlichen Unternehmen gibt es stillschweigende Abkommen, «ungeschriebene Gesetze». Erst wenn diese unausgesprochenen Übereinkünfte ausgesprochen werden, kann Klarheit entstehen. Unklare Abmachungen können viele Enttäuschungen und Probleme verursachen, wenn der eine etwas bestimmtes voraussetzt, der andere aber an etwas anderes gedacht hat. Die Vorstellungen beider können sogar klar sein, aber ohne Kommunikation kann es auch dann noch Mißverständnisse geben.

Sorgfalt in der Kommunikation bewirkt Klarheit.

Klarheit in der Kommunikation bedeutet, sich präzise und genau auszudrücken. Das heißt auch, in der Schilderung seiner Erfahrungen nicht zu übertreiben und Schlechtes noch schlimmer oder Gutes noch besser erscheinen zu lassen. Möglicherweise neigen Sie dazu, in der Erinnerung an schlechte Zeiten zu übertreiben, was zu ungenauer Kommunikation mit Ihnen selbst und anderen führt. Dies zieht wiederum unklare, ja sogar negative Erfahrungen an. Achten Sie auf Ihre Worte, wenn Sie mit anderen sprechen. Geben Sie Ihre Erfahrungen genau wieder oder teilen Sie sich auf eine Weise mit, die beeindrucken, verwirren oder Sympathie und Verständnis wecken soll? Machen Sie sich klar, was Sie erreichen wollen, wenn Sie mit anderen sprechen. Erhoffen Sie sich vom anderen etwas Bestimmtes? Gehen Sie von vielen unausgesprochenen Abkommen aus? Es ist wichtig, genau mitzuteilen, was Sie erwarten, wenn Sie nicht enttäuscht werden wollen. Kommunikation ist einer der Bereiche, der Ihr Leben und die Dinge, die Sie anziehen, bestimmt. Wenn Sie sich klar und deutlich ausdrücken und die Absicht hinter Ihrer Kommunikation kennen, werden Sie feststellen, daß Sie die Welt und Ihre Mitmenschen auf andere Weise erleben.

170

Machen Sie sich Ihr Ziel,
Ihre Absicht und Ihre Motivation
klar bewußt.

Sobald Sie sich über Ihr Ziel, Ihre Absicht, Motivation und Ihre stillschweigenden Abkommen im klaren sind und sich auch klar mitteilen können, ist alles in Fluß. Viele von Ihnen möchten am liebsten mit der Klarheit des Handelns beginnen, doch der Ausgangspunkt ist nun einmal die Klarheit des Ziels. Klarheit in der Wahrnehmung hilft Ihnen, die Vision zu schaffen, die Ihrer Motivation, Ihrem wahren Selbst und innersten Wesen entspricht.

Klarheit in spirituellem Sinne ist die Ausrichtung des physischen, des mentalen und des emotionellen Körpers auf das spirituelle Selbst. Dazu gibt es verschiedene Techniken. Man kann z. B. die Aura durch Ausgleichen der Energie klären, sodaß Sie Ihren Verstand besser einsetzen können. Der Verstand ist eines Ihrer wertvollsten Instrumente. Sie können auch z. B. diese Klarheit erlangen, indem Sie Visualisationen einsetzen und an Ihrer Aura arbeiten. Die Verbindung zwischen Seele und Verstand kann mehr Klarheit bewirken als irgendein anderer Schritt. Wenn Sie Klarheit wünschen, bitten Sie Ihre Seele um Hilfe. Sie weiß die Antwort und verfügt über eine Verbindung zu jenen Energieströmen der Erd-Ebene, die Ihnen Wohlstand, Liebe, Frieden und alles, worum Sie bitten, zukommen lassen.

Denken Sie an etwas, worüber Sie Klarheit gewinnen möchten. Stellen Sie sich vor, wie Sie sich nach oben an Ihren Geist wenden. Visualisieren Sie ihn als eine subtile, lichte Energie. Sehen Sie, wie sie durch Ihren Verstand fließt, sozusagen alles «aufräumt» und Ihre Gedanken in einem Muster anordnet, das Ihnen erlaubt, Teil einer

171

Zukunft zu werden, die leichter und freudevoller ist. Spüren Sie, wie die Energie Ihren gesamten Körper durchströmt, bis sich alle ihre Körper – der Mental-, der Gefühls- und der physische Körper – im Einklang befinden. Wenn Sie mehr über Ihr Lebensziel oder eine beliebige persönliche Frage wissen wollen, fragen Sie einfach. Das bedeutet, sich die nötige Zeit zu nehmen und wirklich zu lauschen. Setzen Sie sich in Ruhe hin. Vielleicht gelingt es beim ersten Anlauf noch nicht. Aber Sie brauchen nur weiterhin den geistigen Raum zu schaffen, der es den Gedanken erlaubt, zu Ihnen durchzudringen – das ist alles.

Klarheit – ein Leben im Licht führen

Übungsbogen

1) Notieren Sie hier einen Punkt, der Zwiespalt oder Verwirrung in Ihnen hervorruft, den Sie gerne auf neue Weise und mit mehr Klarheit betrachten würden.

2) Schließen Sie jetzt die Augen und lassen Sie ein Symbol in sich aufsteigen, das die höchstmögliche Lösung dieses Problems repräsentiert. Zeichnen Sie dieses Symbol hier auf oder beschreiben Sie es.

3) Stellen Sie sich vor, wie Sie dieses Symbol an Ihr Herz legen und bitten Sie um Klarheit und Verständnis.

a) Welche Einsichten haben Sie dazu gewonnen? Wie sollten Sie denken oder handeln?

b) Was halten Sie von dem Ergebnis? Ist es nötig, Ihre Absicht zu ändern und einen höheren Gesichtspunkt einzunehmen?

c) Welche Wahlmöglichkeiten stehen Ihnen offen? Überdenken Sie zumindest drei Möglichkeiten.

d) Was *beabsichtigen* Sie jetzt zu tun?

XV
Freiheit ist Ihr Geburtsrecht

Freiheit ist ein inneres Gefühl. Es ist die Fähigkeit zu entscheiden, was man möchte. Sie besteht in der Gewißheit, daß *Sie* das Schiff steuern. Freiheit bedeutet zu wissen, daß Ihr Leben Ihnen gehört und Sie dafür verantwortlich sind. Freiheit ist die Grundvoraussetzung für Freude, denn überall, wo Sie sich eingeengt oder Ihrer Rechte beraubt fühlen, können Sie keine Freude empfinden.

Um das Licht Ihrer Seele ins Bewußtsein zu holen, brauchen Sie Freiheit. Sie leben auf einem Planeten des freien Willens, wo Sie lernen, was Aktion und Reaktion sowie Ursache und Wirkung bedeuten. Die Grundlage der Realität hier auf der Erde beruht auf der freien Wahl. Gleichgültig, in welcher Lebenslage Sie sich gerade befinden, ob Sie *glauben,* Sie seien frei oder nicht, irgendwann einmal haben Sie die *Entscheidung* getroffen, in diese Situation zu geraten.

Sie lernen durch Versuch und Irrtum. Verübeln Sie sich selbst und anderen die jeweiligen Entscheidungen nicht, denn aufgrund der Reaktionen und Auswirkungen, die Ihre Handlungen verursachen, entwickeln Sie sich weiter. In dieser «Schule des freien Willens» hier auf der Erde gibt es viele

175

Lektionen und Herausforderungen im Hinblick auf die Freiheit.

Die einzigen Grenzen
der Freiheit sind jene,
die Sie sich selbst auferlegen.

Wie kommt es, daß man dieses freudige Empfinden der Freiheit, das Geburtsrecht der freien Entscheidung, verliert? An Kinder werden viele Anforderungen und Erwartungen gestellt, und doch haben Kinder mehr Freiheit, als es im ersten Augenblick scheinen mag. Ein Kind hat die Möglichkeit, neue Reaktionsweisen zu entwickeln und ohne vorgefaßte Meinung zu lernen und zu wachsen. Ein Kind hat die Freiheit, die Dinge ganz neu zu erforschen und jedes Erlebnis als das zu nehmen, was es ist, ohne aufgrund früherer Erfahrungen zu kategorisieren oder zu analysieren. Vor allem in den ersten Lebensjahren hat das Kind noch die Freiheit, sich nicht aufgrund vergangener Erfahrungen, sondern aufgrund natürlicher Reaktionen eine Meinung zu bilden.

Während das Kind heranwächst, geht ein Teil dieser Freiheit im Verlauf der verstandesmäßigen Entwicklung verloren. Der Verstand beginnt, nach Mustern zu suchen; er stellt allmählich Assoziationen und Verbindungen zwischen Elementen her, die als unabhängige Ereignisse leichter verständlich wären. Wenn etwas geschieht, betrachtet der Verstand all jene Dinge, die diesem Ereignis ähneln und übertreibt dabei oft die negativen Seiten, indem er die Situation mit Erinnerungen aus der Vergangenheit vergleicht.

In der Kindheit trifft man oft schwerwiegende Entscheidungen, die das weitere Leben beeinflussen. Eine Frau, die sich scheute, für ihre kreative Arbeit einzustehen, entdeckte, daß sich jemand einmal über ein Bild lustig gemacht hatte, das sie als Kind gemalt hatte. Sie fürchtete sich nun davor, anderen ihre Kreativität zu zeigen. Sie begann, ihre Zeichnungen zu verstecken und empfand schließlich jede kreative Bemühung als negativ. Sie bekam Angst davor, ihre eigene Kraft bestätigt zu sehen. Sie setzte ihre neuen Erfahrungen mit der alten gleich, wodurch sie die Entscheidungsmöglichkeiten in neuen, aber ähnlichen Situationen verringerte. Das führte zu einem Freiheitsverlust – sie besaß nicht mehr länger die Freiheit selbst zu bestimmen, wie sie auf ihre eigene Kraft und Kreativität reagieren wollte.

Kinder sind ständig im Begriff, über die Natur der Wirklichkeit Entscheidungen zu treffen. Eine andere Frau fand es schwierig, über Dinge zu sprechen, an die sie wirklich glaubte. Sie fand heraus, daß sie als Kind einmal zusammen mit ihrer Tante einen Kuchen gebacken hatte und für eine Bemerkung, die sie dabei gemacht hatte, scharf zurechtgewiesen worden war. In diesem Augenblick traf sie eine Entscheidung – um liebenswert zu erscheinen, muß man seine Ansichten für sich behalten. In allen zukünftigen Situationen ging sie von dieser Prämisse aus. Das nahm ihr die Freiheit, spontan zu reagieren und jede Situation als neue Erfahrung anzusehen. Sie bekam Angst davor, ihre Ansichten zu vertreten, und fühlte sich eingeschüchtert, wenn sie eine Meinung äußern sollte, die vielleicht angegriffen werden konnte.

Freiheit ist Ihr Geburtsrecht. Sie steht jedem zu. Vielleicht meinen Sie jetzt, Sie seien in diesem oder jenem Bereich Ihres Lebens unfrei, z. B.: «Es steht mir nicht frei, meine Arbeit aufzugeben, um in die Welt zu reisen oder sonst zu tun, was mir beliebt.» Sie sind frei – und zwar in dem Maße, wie Sie sich selbst für frei halten.

Wollen Sie mehr Freiheit in Ihrem Leben,
richten Sie Ihr Augenmerk
nicht auf die Bereiche,
in denen Sie unfrei sind,
sondern richten Sie die Aufmerksamkeit
auf jene Bereiche,
in denen Sie sich bereits
Freiheit geschaffen haben.

Vielleicht besitzen Sie die Freiheit, abends so lange auszubleiben wie Sie wollen, oder all das an Lebensmitteln einkaufen zu können, worauf Sie gerade Lust haben. Wenn Sie mehr Freiheit möchten, blicken Sie auf die Freiheiten, die Sie bereits als Ihr Recht beanspruchen. Bemitleiden Sie sich aufgrund mangelnder Freiheit, machen Sie sich selbst zum Opfer. Jedesmal, wenn Sie sich in diese Rolle begeben, schwächt Sie das. Achten Sie vielmehr auf jene Bereiche, in denen Sie sich entschieden haben, nicht das Opfer beliebiger Umstände oder anderer Personen zu sein. Jeder von Ihnen hat sich in vielen Lebensbereichen Freiheiten geschaffen. Sehen Sie, wie viele Freiheiten Sie sich selbst gestatten, Freiheiten, die Ihnen wertvoll sind und die Sie sich von niemandem nehmen ließen.

Wie steht es mit den Bereichen in Ihrem Leben, wo andere mehr von Ihnen fordern, als Sie zu geben bereit sind? Man will mehr Zeit, Energie, Liebe oder Aufmerksamkeit. Vielleicht fordert man das auf eine Weise, die Ihnen das Gefühl vermittelt, Ihre Freiheit zu verlieren. Wenn Sie derartiges in Ihrem Leben entdecken, versuchen Sie sich zu fragen, ob ein Teil von Ihnen mehr Zeit und Aufmerksamkeit von einem anderen Teil Ihrer selbst fordert, als Sie zu geben bereit sind. Was Ihnen jemand anderer auch zu nehmen

178

scheint, es ist ein Symbol für das, was Sie sich selbst nicht gewähren. Wenn Sie den Eindruck haben, daß andere mehr Aufmerksamkeit fordern, als Sie ihnen schenken können, oder Wünsche äußern, die Sie nicht erfüllen können und wollen, dann fragen Sie sich: «Stellt ein Teil von mir Anforderungen, die ein anderer Teil in mir nicht erfüllen kann?» Andere Menschen dienen als Spiegel, um Ihnen etwas zu zeigen, das Sie sich selbst zufügen. In diesem Fall besteht die Möglichkeit, sich zu fragen: «Entziehe ich mir auf irgendeine Weise selbst etwas, weil ich nicht genug auf meine Bedürfnisse achte?» Untersuchen Sie, ob es solche Bedürfnisse gibt und fassen Sie den Entschluß, sie zu beachten. In einem Fall hatte z. B. ein Mann den Eindruck, seine Freundin fordere viel zu viel Zeit und Aufmerksamkeit von ihm. Es machte ihm Spaß, stundenlang alleine zu arbeiten, während ihr Bedürfnis nach Gesellschaft viel größer war als das seine. Als er ihre Forderungen genauer untersuchte, erkannte er, daß er in all den langen Arbeitsstunden nicht auf sich selbst und seine grundlegenden Bedürfnisse achtete. Er entdeckte, daß er seinem Höheren Selbst keine Beachtung schenkte, das Schlaf, Ruhe und mehr Aufmerksamkeit forderte. Statt dessen arbeitete er sehr lange und sehr hart, ohne seine physischen Bedürfnisse und die Bedürfnisse anderer Teile seiner selbst zu berücksichtigen.

Die Frau, die den Eindruck hatte, daß dieser Mann ihr nicht genügend Zeit und Aufmerksamkeit widmete, betrachtete dies schließlich als eine innere Botschaft. Sie hatte das Gefühl, daß sie nie miteinander «spielten» oder sich bewußt Zeit für einander nahmen. Nach einigem Überlegen wurde ihr klar, daß sie sich selbst nie richtig Zeit nahm, den ganzen Tag über umherhetzte, um die Bedürfnisse anderer zu erfüllen und sich nie erlaubte, einfach zu spielen und sich zu amüsieren. Sie warf ihrem Partner vor, ihr das nicht zu geben, was sie sich selbst alles versagte.

Freiheit ist etwas, das Sie sich selbst verschaffen. Sie wird Ihnen nicht gegeben und kann Ihnen auch nicht genommen werden. Sie können sich entscheiden, sie aufzugeben oder nicht in Anspruch zu nehmen, aber niemand anderer kann sie Ihnen nehmen. Nur Sie können sie aufgeben. Es gibt viele Bereiche in Ihrem Leben, wo Sie eine Freiheit besitzen, von der Sie wissen, daß sie Ihnen *niemand* nehmen könnte. Vielleicht haben Sie ein Lieblingsrestaurant und besitzen die Freiheit, immer dort essen zu gehen. Sie wissen tief in Ihrem Inneren, daß Sie niemand daran hindern kann. Oder vielleicht steht es Ihnen frei, Ihre Lieblingssendung im Fernsehen anzusehen und niemand wird versuchen, Sie abzuhalten. Vielleicht bemerken Sie in diesen Situationen, daß tatsächlich niemand versucht, Sie zu hindern.

Wenn Sie eine klare,
deutliche Botschaft
an das Universum aussenden,
brauchen Sie nur selten
um das zu kämpfen,
was Sie möchten.

Haben Sie jemals etwas im voraus geprobt, sehr klar definiert, was Sie wollten, um dann festzustellen, daß Sie nicht einmal darum zu bitten brauchten? Meist müssen Sie erst dann um etwas kämpfen, wenn Sie nicht sicher sind, es auch tatsächlich zu verdienen.

Viele von Ihnen, die berufstätig sind, fühlen sich unfrei und denken, daß sie auf irgendeine Weise in der Zeit von neun bis siebzehn Uhr ihre Freiheit aufgegeben haben. Freiheit ist eine Sache der Einstellung! Um in dieser Situation Freiheit erleben zu können, gilt es vielleicht, das Gesamtbild zu betrachten. Warum haben Sie diesen Arbeitsplatz? Wenn Sie des Geldes wegen dort arbeiten, erinnern Sie sich daran, daß Sie diese Arbeit freiwillig angenommen haben und jederzeit frei sind, einen anderen Weg zu finden, Geld zu verdienen. Sie können in jedem Augenblick ein Gefühl der Freiheit entwickeln, indem Sie erkennen, daß es Ihnen freisteht, auf jede beliebige Weise zu reagieren, zu handeln und zu fühlen. Es steht Ihnen offen, im Rahmen, der Ihnen durch Ihre Arbeit gesetzt ist, zu sprechen und zu handeln. Bei allem, was Sie tun, gibt es ein bestimmtes Maß an Freiheit. Sehen Sie, wo Ihre Freiheiten liegen. Konzentrieren Sie sich auf diese Freiheit und sie wird sich in Ihrem Leben ausweiten.

Das größte Hindernis für die Freiheit besteht in der Art, wie Sie die Welt betrachten. Mangel an Freiheit wird nicht durch andere verursacht, sondern durch Ihre eigenen Gedankengänge. Viele von Ihnen nehmen sich selbst die Freiheit, indem sie sich keinerlei Wahlmöglichkeit zugestehen, wie sie in einer bestimmten Situation reagieren möchten. Einer Ihrer Freunde z. B. kritisiert Sie immer, und Sie reagieren jedesmal mit Verletztheit und Ärger. Sie können Freiheit gewinnen, indem Sie sich eine neue Reaktionsweise erschließen. Sie könnten sich z. B. sagen: «Ach, er versteht es eben nicht besser» oder «Vielleicht geht dieser Mensch mit sich selbst sehr kritisch um und kritisiert mich deshalb, weil er mit sich selbst auch immer so spricht.» Sie können sich für eine mitfühlende Haltung entscheiden und es nicht persönlich nehmen. Sie können sich entscheiden, zentriert und ausgeglichen zu bleiben, auch wenn die anderen in Ihrer Umgebung nicht so handeln. Das ist die Freiheit schlechthin, die Freiheit, sich zu entscheiden, wie Sie sein und reagieren werden, die Freiheit, in einer Weise zu handeln, die Ihre Energien stärkt.

Die meisten Menschen reagieren gewohnheitsmäßig,

181

anstatt ihre Reaktionen zu überprüfen. Erkennen Sie, daß Sie sich entscheiden können, wie Sie die Phänomene des Universums interpretieren und auf sie reagieren. Wenn es z. B. darum geht, einen Termin einzuhalten, reagieren manche Leute mit Hektik und hetzen nur noch durch das Leben. Andere wiederum zögern alles hinaus und beenden die Sache erst im letzten Moment. Und wieder andere reagieren mit Depression, geben sich dem Gefühl hin, die Aufgabe würde sie überwältigen und hören eine Stimme in sich sagen, daß sie es nie schaffen werden. Sie haben die Wahl – wollen Sie auf etwas in einer Form reagieren, die Sie unglücklich und mit sich selbst unzufrieden macht, oder wählen Sie den Weg, der Selbstwertschätzung und Selbstwürdigung fördert?

Andere Menschen reagieren auf Sie in der Form, die ihnen ihre Programme oder Ansichten vorschreiben. Kraft entsteht aus der Gewißheit, daß Sie die Wahl haben. Sie brauchen nicht die anderen zu verändern, aber verändern Sie Ihre Reaktion auf sie. Wenn Sie sich entschlossen haben, sich wohl zu fühlen, sind Sie nicht mehr davon abhängig, daß andere auf eine bestimmte Weise handeln, damit Sie sich wohl fühlen können. Bevor Sie Menschen anziehen können, die Sie unterstützen, schätzen und bestätigen, müssen Sie sich entschließen, all das zuerst für sich selbst zu tun.

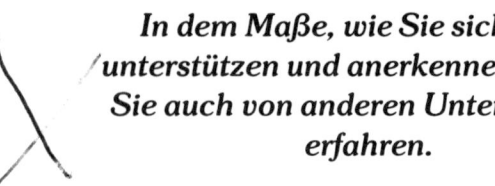

In dem Maße, wie Sie sich selbst unterstützen und anerkennen, werden Sie auch von anderen Unterstützung erfahren.

Jedesmal, wenn Sie sich entscheiden, mit sich zufrieden zu sein, auch wenn Sie kritisiert, herabgesetzt oder auf eine Weise behandelt werden, die Sie sonst immer verletzt hat, wählen Sie den Weg der Freude. Jedesmal, wenn Sie das tun, schaffen Sie Freiheit in Ihrem Leben. Sie brauchen keine anderen Menschen mehr, die auf eine bestimmte Weise handeln müssen, damit Sie glücklich sein können. Sie werden frei von Ihren eigenen Erwartungen.

Häufig entsteht daraus Schmerz, daß man sich in Details verfängt, anstatt das Gesamtbild zu sehen. Eine Frau war z. B. von ihrem Freund sehr enttäuscht, weil er ihr nie Blumen mitbrachte. Sie hatte die Vorstellung, einen Blumenstrauß zu erhalten, bedeute, geliebt zu werden. Jedesmal, wenn sie daran dachte, daß er ihr keine Blumen brachte, fühlte sie sich verletzt. Aufgrund ihrer eigenen Bilder war sie nicht frei genug, sich für die Freude zu entscheiden. Als sie jedoch das Gesamtbild – und somit die Wahrheit – genauer betrachtete, erkannte sie, daß sie dieser Mann innig liebte und sich ihr sehr verbunden fühlte, aber ein Blumenstrauß war für ihn nicht Ausdruck seiner Liebe. Als sie sich all die guten Seiten ihrer Beziehung ins Bewußtsein rief, wurde ihr klar, daß sie sich in ihren eigenen Erwartungen verfangen hatte. Aus Gewohnheit entschied sie sich immer für den Schmerz.

Wenn Sie frei sein wollen, gilt es,
auch anderen Freiheit zu gewähren.

Sie können einen anderen Menschen nicht besitzen, noch können Sie eine gleichberechtigte Beziehung zu jemandem aufbauen, wenn Sie ihm seine Freiheit nehmen. Alle Menschen haben das Recht, das zu tun, was ihre

Lebenskraft stärkt und ihr Wachstum fördert. Viele Leute müssen eine Beziehung aufgeben, weil ihnen die Freiheit, die sie für ihre weitere Entwicklung benötigen, nicht gewährt wird. Manche fühlen sich durch das Freiheitsbedürfnis ihres Gefährten oder Partners bedroht. Sie interpretieren die Forderung nach Freiheit als Zurückweisung anstatt als den Versuch des anderen, sein eigenes Höheres Selbst zu entdecken.

Ironischerweise wird aber jemand um so mehr Ihre Nähe suchen, je mehr Freiheit Sie ihm gewähren. Stellen Sie Forderungen an den anderen, die Sie aber selbst nicht zu erfüllen bereit wären? Erwarten Sie, daß er Ihnen immer alles erzählt, Ihren Vorstellungen gerecht wird und immer da ist, wenn Sie ihn da haben möchten? In dem Maße, wie Sie die Freiheit anderer einschränken, schränken Sie auch die eigene ein.

Stellen Sie sich einen Gefangenen vor, der in einer Zelle sitzt und vierundzwanzig Stunden am Tag von einem Wärter bewacht werden muß. Die Frage ist nun, wer hier wirklich der Gefangene ist – der Wärter oder der Häftling? Wenn Sie glauben, daß Sie andere ständig überwachen müssen, ihnen nicht vertrauen oder nicht ihre Freiheit lassen können, sind Sie ebenso gefangen wie die anderen. Viele von Ihnen verlieren Ihre Freiheit, weil Sie die Dinge, die Sie keinesfalls missen wollen, so sorgsam bewachen. Vielleicht sind Sie um Ihren Partner, Ihre Besitztümer, Ihre Kinder oder Ihre Familie so sehr besorgt, daß Sie viel mehr Zeit damit verbringen, sie zu beschützen als damit, sich um Ihr eigenes Wachstum zu kümmern.

Eifersucht hängt oft mit der Angst zusammen, daß jemand einem anderen etwas gibt, was er einem selbst nicht schenkt. Betrachten Sie die Sache genauer, werden Sie meist feststellen, daß es sich um etwas handelt, daß Sie sich selbst nicht gewähren. Wenn Sie eifersüchtig sind, weil Ihr

Partner jemand anderem Aufmerksamkeit schenkt und Sie seine Freiheit beschränken wollen, um das zu verhindern, überdenken Sie die Situation noch ein zweites Mal. Vielleicht widmen Sie Ihrem Höheren Selbst nicht die Aufmerksamkeit, die es von Ihnen fordert.

Eifersucht nimmt beiden Beteiligten die Freiheit – dem, der eifersüchtig ist, und dem, auf den Besitzansprüche erhoben werden. Wenn Sie sich selbst das geben, was Sie benötigen – sei es nun Aufmerksamkeit, Liebe oder etwas anderes –, werden Sie keine Eifersucht empfinden. Sie werden entdecken, daß Sie über viele Quellen verfügen, die Ihre Bedürfnisse stillen können, es ist nicht nur der eine Mensch, den Sie lieben. Eifersucht trägt die Idee des Mangels in sich – daß nicht genug vorhanden sei. Freiheit bedeutet jedoch Fülle – daß genug für alle da ist.

Beschließen Sie jetzt,
jedem Menschen, der Ihnen nahesteht,
Freiheit zu gewähren.

Lassen Sie die anderen ihre eigenen Fehler begehen und auch ihre eigenen Freuden entdecken. Ich garantiere Ihnen – jedesmal, wenn Sie anderen Freiheit gewähren, werden sie sich Ihnen mit noch mehr Liebe und Achtung zuwenden. Um anderen ihre Freiheit lassen zu können, muß man selbst zentriert, ausgeglichen und sicher sein. Es bedeutet ein großes Geschenk für Sie selbst und für andere, denn der Gefangene muß nicht länger bewacht werden und somit ist auch der Kerkermeister frei.

Sie sind frei, wenn Sie jederzeit wählen können, *wie* Sie reagieren wollen. Wenn Sie sich entscheiden können, mit Freude und Heiterkeit zu reagieren, indem Sie das Positive sehen, ohne sich selbst etwas zu verübeln, haben Sie die größtmögliche Freiheit erlangt: die Freiheit, so zu sein und zu handeln, daß sich darin Ihre innere Wahrheit widerspiegelt.

Freiheit ist Ihr Geburtsrecht

Übungsbogen

1) Notieren Sie hier mindestens drei Bereiche, in denen Sie sich selbst Freiheit zugestehen.

2) Gibt es Bereiche in Ihrem Leben, in denen Sie sich *nicht* frei fühlen? Z. B.: «Es steht mir nicht frei, meine Ausbildung fortzusetzen.»

3) Glauben Sie, daß es möglich wäre, auch in diesen Lebensbereichen Freiheit zu erlangen? Wenn ja, dann gestatten Sie sich, sich diese Freiheit zu nehmen. Vielleicht dauert es noch einige Zeit, bis sich diese Freiheit in Ihrem täglichen Leben bemerkbar macht, aber Freiheit beginnt mit dem Gedanken daran. Für die Bereiche, in denen Sie Freiheit für möglich halten, formulieren Sie jede der oben aufgezeichneten Feststellungen in positiver Weise um, z. B.: «Es steht mir jetzt frei, meine Ausbildung fortzusetzen.»

XVI
Das Neue umarmen

Die Öffnung für neue Dinge, Ideen und Menschen in Ihrem Leben schafft eine stetig wachsende Fähigkeit zur Freude. Es existiert ein kollektives Gedankenbild bei Ihnen, das besagt, die Zukunft könnte schlimmer werden als die Gegenwart. Diese kollektive Anschauung verursacht das Bedürfnis, an dem festzuhalten, was man jetzt besitzt, die Dinge in der Form erstarren zu lassen, in der sie sind und den Wandel zu vermeiden. Und das verursacht großes Leid. Das Neue zu umarmen bedeutet, für die Fülle im Leben offen zu sein. Viele von Ihnen denken, daß das, was Sie bisher geschaffen haben, schon das Beste sei, was Sie zu schaffen vermögen. Sie tun etwas und glauben, der erste Versuch sei schon der beste. Aber beim zweiten oder dritten Versuch gelingt es Ihnen vielleicht sogar besser. Mit der Zeit werden Sie immer geschickter und es gelingt von Mal zu Mal besser. Das ist der Vorgang des Lebens selbst. Ein Kind, das laufen lernt, ist zuerst wackelig und unsicher. Wenn es weiter übt, werden seine Schritte fester und sicherer. Dasselbe gilt für alles, was Sie tun, denn das Leben ist wie eine Spirale, in der Sie ständig kreisen. Oft handelt es sich um dieselben Dinge, aber jedesmal auf einer höheren Ebene. Sich neuen Dingen zu öffnen bedeutet, zu vertrauen und an sich selbst und andere zu glauben. Es heißt, daran zu glauben, daß die Zukunft vielversprechend und positiv sein wird. Und es bedeutet, an Ihr Wachstum und Ihren Weg zu glauben. Das Herz ist das Zentrum für Glauben, Vertrauen und Zuversicht. Sich dem Neuen zu öffnen, heißt sein Herz zu öffnen. Seien Sie bereit, aus Ihren gewohnten Begrenzungen und Ansichten herauszutreten und die Welt auf andere Weise zu betrachten. Vertrauen Sie darauf, daß die Welt ein sicherer Ort ist und machen Sie sich bewußt, daß Sie selbst der «Regisseur» und «Produzent» dessen sind, was sich in Ihrem Leben abspielt.

Die Öffnung für das Neue erfordert auch die Bereitschaft, das Alte nicht mit Haß, Zorn oder Abscheu zu betrachten, sondern durch die Augen des Mitgefühls. Viele von Ihnen lösen eine Beziehung im Zorn, und wenn Sie sich nur einen neuen Wagen kaufen, weil Sie auf den alten wütend sind. Das ist *eine* Möglichkeit, um das Alte hinter sich zu lassen und dem Neuen zu begegnen. Auf dem Pfad der Freude können Sie lernen, sich für Neues zu öffnen, während Sie gleichzeitig das Alte akzeptieren und damit in Frieden sind.

Wenn Ihr Leben weniger angenehm verläuft, bringen Sie manchmal die Motivation und Energie zur Veränderung nur auf, indem Sie wütend werden oder sich für das Leid entscheiden. Das Alte hinter sich zu lassen, um das Neue zu umarmen, muß jedoch nicht schwierig sein. Wenn Sie überdenken, was Sie wollen, wie Sie Ihr Leben gerne gestalten würden, werden Sie das Neue ganz leicht, ja automatisch anziehen. Wünschen Sie sich etwas, und der Wunsch ist nur erfüllbar, wenn sich eine andere Person verändert oder anders handelt, dann haben Sie keinerlei Macht oder Kontrolle darüber. Aber Sie haben Macht bzw. Kontrolle über Ihre eigenen Gefühle und Reaktionen.

Wenn Sie sich etwas Neues wünschen,
seien Sie offen dafür,
daß es aus einer beliebigen Richtung,
durch einen beliebigen Menschen,
an einer beliebigen Stelle
in Ihr Leben treten kann.

Seien Sie offen für Überraschungen und neue Elemente in Ihrem Leben. Bewahren Sie sich ein offenes Herz. Einige von Ihnen empfinden eine Art Verwundbarkeit oder Angst bei dem Gedanken, daß neue Menschen oder Dinge in Ihr Leben treten könnten. Was Sie als «Spannung» oder «Erwartungsangst» vor einem Ereignis bezeichnen, läßt sich ebensogut als eine Konzentration Ihrer Energien betrachten, um Sie auf etwas Neues vorzubereiten. Es ist eine Veränderung in Ihrer Schwingung, um Sie auf etwas vorzubereiten, das höher und feiner sein wird. Vielleicht spüren Sie, daß Sie Angst und Besorgnis besiegen müssen, bevor Sie daran gehen, etwas Neues zu verwirklichen. Aber jedermann empfindet bis zu einem gewissen Grad diese innere Spannung, bevor er an neue Dinge herangeht. Es ist eine Zeit, in der Energie angesammelt wird, um die Verschiebung auf die höhere Schwingungsebene durchführen zu können.

Alles, was Ihnen widerfährt, geschieht, um Ihnen zu helfen, sich auf eine höhere Ebene der Evolution zu begeben. Sogar jene Dinge, die Sie als negativ oder schlecht bezeichnen, dienen dazu, Ihnen neue Reaktionsmöglichkeiten zu zeigen, damit Sie in Zukunft stärker werden. Wenn es aussieht, als würde dasselbe Problem oder dieselbe Situation immer wieder auftreten, machen Sie sich bewußt, daß es jedes Mal auf eine neue Weise geschieht. Nehmen Sie auf, was an dem Muster oder der Situation neu ist, und sehen

Sie, wie Sie es erfolgreich auf eine höhere Ebene gebracht haben. Vielleicht sind Sie sich der Sache deutlicher bewußt als früher oder Sie entwickeln mehr Verständnis. Möglicherweise sind Sie gefühlsmäßig nicht mehr so stark beteiligt und können das Muster eher erkennen. Jeder Tag bringt neue Situationen, Herausforderungen und Dinge mit sich, die Ihnen Gelegenheit bieten zu wachsen. Durch eine offene, empfängliche Haltung werden Sie viel Gutes anziehen. Lassen Sie die Angst los, «Zukunft» könnte bedeuten, daß Sie weniger besitzen werden als jetzt oder etwas verlieren werden. Öffnen Sie sich dem Gedanken, daß Sie morgen weiser, stärker und gefestigter sein werden und daß alles, was Sie hervorbringen, sogar noch besser sein wird als alles Bisherige. Öffnen Sie sich neuen Begriffen und Vorstellungen. Oft sind das die Vorboten und Hinweise, die Ihnen das Universum für Ihren nächsten Schritt gibt.

Die Öffnung für das Neue läßt sich auf vielerlei Wegen erfahren. Viele von Ihnen haben das Bedürfnis nach Lebendigkeit, Aufregung und Abenteuer. Oft beschuldigen Sie Ihren Partner dafür, daß Ihr Leben stumpf und routinemäßig verläuft, oder Sie machen Ihre monotone Arbeit dafür verantwortlich. Sie *können* dieses Gefühl der Lebendigkeit bei allem, was Sie tun, hervorbringen, sogar auf ganz einfache Weise. Verändern Sie beispielsweise Ihre allmorgendliche Routine, stehen Sie früher auf, gehen Sie später zu Bett oder tun Sie etwas Ungewohntes, wenn Sie von der Arbeit nach Hause kommen. Schon geringfügige Veränderungen können dieses Gefühl der Lebendigkeit in Ihnen anregen.

Jedesmal, wenn Sie das Neue umarmen, erfüllen Sie sich selbst mit dem Gefühl der Lebendigkeit.

Dann öffnet sich Ihr Herz weiter und Sie beleben und verjüngen buchstäblich Ihren Körper. Das Leben strebt immer nach Wachstum, Ausdehnung und Evolution. Das Erlebnis des Neuen läßt Sie mehr von dem sehen, was Sie wirklich sind. Sie brauchen das Alte deshalb nicht schlecht zu machen, es gilt vielmehr, Neues in das Alte einzubringen. Wenn man das Neue am Alten nicht mehr sieht, hört das Wachstum auf und Beziehungen werden eintönig. Vielleicht sind Sie Menschen begegnet, die schon seit Jahren zusammenleben und immer noch strahlend und verliebt wirken. Bei einer genaueren Untersuchung der Beziehung werden Sie entdecken, daß diese Menschen Neues tun, neue Projekte verwirklichen und ein Gefühl der Lebendigkeit in ihr persönliches Leben hineinbringen. Wahrscheinlich erobern sie Neuland, öffnen sich dem Abenteuer und jeder der beiden kann die Lebendigkeit für sich empfinden auf die Weise, die ihm entspricht. Menschen, die schon lange zusammenleben, betrachten einander oft als selbstverständlich. Jeden Abend gehen sie um die gleiche Zeit zu Bett, stehen morgens wieder auf, gehen an denselben Arbeitsplatz und tun auch am Wochenende immer das Gleiche. All das führt zur Verkrampfung des Herzens, und man fühlt sich gelangweilt und innerlich tot.

Öffnen Sie sich dem Neuen, verjüngen Sie Ihren Körper und erweitern so die kindliche Fähigkeit, Wunder staunend wahrzunehmen. Mit zunehmendem Alter ziehen viele Menschen ihre Grenzen noch enger. Sie beginnen nach dem zu suchen, was bequem, vertraut und sicher ist. Ihre Welt wird klein und eingeschränkt. Das Leben konzentriert sich nur noch auf Kleinigkeiten statt auf Größeres. Sie kennen diese Leute mit solch kleinlichen Sorgen, daß man sie gar nicht ernst nehmen kann. Sie haben aufgehört, in das erweiterte Bild ihres Lebens hineinzuwachsen.

Sie sind jeden Tag ein neuer Mensch.

Jeden Morgen, wenn Sie aufwachen, werden Sie tatsächlich von neuem geboren. Es gibt für jeden Tag neue Ideen, neue Menschen, Neues, das es zu tun gilt. Wenn Sie aufwachen und den Tag beginnen, brauchen Sie nicht erst an die Vergangenheit zu denken und sich an Fehlschläge zu erinnern. Konzentrieren Sie sich statt dessen auf die Zukunft und auf das, was Sie machen wollen. Probieren Sie jeden Tag neue Abläufe aus, versuchen Sie, ob Sie auch Kleinigkeiten mit mehr Bewußtheit tun können. Wenn Sie Neues tun, sind Sie sich des jeweiligen Augenblicks deutlich bewußt. Sie schenken ihm volle Aufmerksamkeit und sind sehr wach. Neues zu tun wirkt belebend auf den physischen Körper. Viele Dinge müssen automatisch vor sich gehen, damit Sie leben können. Der Atem und viele Ihrer körperlichen Funktionen werden automatisch gesteuert. Schon in der Kindheit entwickelt sich das Nervensystem dahingehend, daß es lernt, Informationen zu selektieren. Wird es mit zuviel Informationen überschüttet, verliert es die Konzentrationsfähigkeit. Sie lernen sozusagen ein bestimmtes Gleichgewicht: Sie lernen, sich auf das zu konzentrieren, was Ihre Aufmerksamkeit benötigt, ohne sich von bedeutungslosen, trivialen und ständig wiederkehrenden Reizen ablenken zu lassen. Durch diese selektive Art der Wahrnehmung konnten Sie schon als Kind viele Dinge aus Ihrem Universum herausfiltern, um sich auf andere einzustimmen.

Sie haben die Fähigkeit erhalten, viele Dinge automatisch ablaufen zu lassen, sie zur Routine oder Gewohnheit zu machen, damit Sie sich auf das wirklich Wesentliche konzentrieren können. Aufgrund dieser Fähigkeit reagieren viele von Ihnen andererseits auch automatisch auf Dinge, die genauer untersucht werden sollten. Vieles von dem, was Sie als Selbstverständlichkeit hinnehmen, verursacht nämlich Unbehagen und mangelndes Wohlbefinden.

Wer an etwas Neues herangeht, beginnt all das, was er aus Gewohnheit als selbstverständlich angesehen hat, neuerlich zu überdenken. Viele Menschen suchen eine Beschäftigung, die mit Gefahr oder Anspannung verbunden ist, weil sie die Bewußtheit und Wachheit erleben wollen, die nötig sind, um wirklich «lebendig» zu bleiben. Sie müssen im Augenblick leben. Autorennfahrer, Bergsteiger oder Menschen, die sich in eine Situation begeben, die vollste Aufmerksamkeit und Konzentration erfordert, kennen dieses Gefühl des Abenteuers und der Lebendigkeit. Es entsteht, wenn Sie nicht automatisch handeln, sondern sich jeder Handlung voll und ganz bewußt sind. Sowie Sie das Neue umarmen, werden auch jene Dinge wieder deutlich wahrgenommen, die vielleicht schon zur Routine geworden sind. Sie erleben die Bewußtheit des Hier-und-Jetzt und beginnen im Augenblick zu leben.

Aus dem Leben im Hier-und-Jetzt,
wo Sie handeln und
die Zukunft gestalten können,
fließt Ihnen Kraft zu.

Wenn Sie also das Neue aufnehmen, bedenken Sie, daß immer alles besser wird; nichts wird Ihnen genommen, außer daß etwas Besseres auf Sie zukommen möchte. Auf jedes Tief folgt ein großer Sprung nach vorne. Es ist leicht, das Neue zu umarmen. Gehen Sie spielerisch vor wie ein Kind. Sie haben gesehen, wie kleine Kinder alles als neue Erfahrung erleben können. Es kann ganz leicht sein, sich zu öffnen und das Neue aufzunehmen, sobald Sie es sich leicht vorstellen. Bewahren Sie das Bild im Geiste, daß die Zukunft positiv sein wird, besser als alles Bisherige. In dem Maße, wie Sie wachsen und sich weiterentwickeln, wird alles, was Sie erschaffen, noch mehr Freude bringen.

Das Neue umarmen

Übungsbogen

1) Denken Sie an mindestens drei neue Dinge, Fähigkeiten oder Erfahrungen, die im vergangenen Jahr in Ihr Leben getreten sind. Während Sie diese Punkte niederschreiben, erinnern Sie sich daran, wie Sie sich gefühlt haben, als Sie diese Dinge erlebt haben.

2) Notieren Sie hier, welche Gefühle Sie empfunden haben, nachdem Sie sich all dem Neuen geöffnet hatten.

3) Jetzt notieren Sie hier mindestens drei neue Erfahrungen oder erlernbare Fähigkeiten, die Sie im kommenden Jahr gerne in Ihrem Leben verwirklichen würden.

XVII
Wie man den Quantensprung vollzieht

Neue Ideen und neue Bewegungen kommen meist nicht in der Form, in der man sie erwartet. Wenn Sie sich das für Sie Höchste ausdenken wollen, lassen Sie Ihren Geist sich nach oben und nach außen bewegen, lassen Sie die Wunschbilder hochkommen. Während das Denken diese Bilder ausformt, gelangen sie in das Licht der Seele, des inneren Wesens, das diese Bilder eigentlich erschafft. Die Seele vermittelt dem Denken dann neue Ideen und Visionen. Manchmal kommt es vor, daß man sich das Gewünschte klar vorstellt, doch wenn man es schließlich erhält, ist daraus etwas anderes geworden als das ursprünglich Erbetene. Sobald der Verstand eine Bitte formuliert, werden automatisch die Ressourcen des Höheren Selbst aktiviert. Wird die Bitte erfüllt, so geschieht das in ihrer höheren Form.

Sie haben sich bestimmt schon gefragt, warum sich einige Ihrer Bitten erst nach längerem Warten erfüllt haben. Ein Quantensprung erfordert Zeit und zusätzlich Ihre Fähigkeit, Dinge zu verwirklichen. Gehen Sie in Gedanken zurück und erinnern Sie sich, worum Sie in der Vergangenheit gebeten haben. Sie werden entdecken, daß Sie vieles von dem, was Sie nicht erhalten haben, heute gar nicht mehr möchten, während Sie über all das verfügen, was Ihrem höheren Wohl dienlich ist. Einige Dinge, die Sie vielleicht noch gerne haben möchten, werden zu einem späteren Zeitpunkt eintreten. Neben der Verstandesebene steht Ihnen noch ein weiterer Bereich zur Verfügung, nämlich die seelische Ebene. Die Seele sagt Ihnen, wie Sie Dinge nicht durch den Verstand erhalten, sondern durch Zu-Fälle, Gefühle und Empfindungen. Nachdem Sie über Ihren Verstand dem Universum mitgeteilt haben, was Sie sich wünschen, achten Sie auf Ihre spontanen und kreativen Regungen. Vielleicht scheinen sie mit dem angestrebten Ziel in keinem Zusammenhang zu stehen. Möglicherweise planen Sie z. B. einen großen finanziellen Erfolg, und plötzlich verspüren Sie den Wunsch, sich den ganzen Sommer freizunehmen, um sich etwas anderem zu widmen. Wenn Sie Ihren inneren Regungen vertrauen und dieses andere durchführen, tauchen vielleicht neue Ideen auf, die Ihnen den gewünschten Wohlstand ermöglichen. Die Seele weist Ihnen immer den richtigen Weg, aber für Sie gilt es, den Schritt des Vertrauens und der Zuversicht zu tun und auch nach dieser inneren Führung zu handeln.

***Wenn Sie eine größere
Veränderung im Leben
anstreben, ist es notwendig,
jene Ansichten zu ändern,
die Sie in der Vergangenheit
von dieser Veränderung
abgehalten haben.***

Haben Sie die klare Absicht, von einem Bereich in den nächsten vorzustoßen, z. B. von einer Ebene finanziellen Wohlstandes oder kreativen Erfolges auf die nächste, müssen sich zunächst Veränderungen in Ihnen selbst vollziehen. Würden Sie sich bereits auf der entsprechenden Ebene befinden – im Bereich der Persönlichkeit, der Emotionen oder der Gedanken –, wäre das nicht nötig. Eine Frau wandte sich an mich mit der Bitte: «Ich möchte Millionärin werden. Ich kann heute nicht einmal meine Miete bezahlen, aber ich möchte Millionärin werden, und zwar so schnell wie möglich.» Hätte sie *geglaubt,* daß es ihr gelingt, wäre ihr Wunsch in dem Augenblick schon erfüllt gewesen.

Wenn Sie an das Universum die Bitte um einen Quantensprung aussenden, wird diese Bitte über Ihr Denken an den Geist weitergeleitet. Der Geist beginnt nun, an den Denk- und Gefühlsbereich Signale zurückzusenden, die mitteilen, wie die gewünschten Veränderungen herbeigeführt werden sollen. Sie müssen aufmerksam auf diese Signale achten. Für diesen neuen Schritt werden auf vielen Ebenen Veränderungen notwendig werden. Betrachten wir unser Beispiel, den Wunsch nach finanziellem Wohlstand: diese Person muß vielleicht noch viel darüber lernen, *wie* man Geld verdient. Es kann sein, daß ihre Seele sie nun dazu veranlaßt, Bücher zu lesen, oder es wird ihr jemand geschickt, der ihr die Grundprinzipien des Geldverdienens beibringen kann. Möglicherweise ist sie gar nicht bereit, ihre alten Vorstellungen von Geldmangel loszulassen. Oder ihr Herz ist vielleicht noch nicht offen genug, um zu glauben, daß sie soviel Geld erhalten kann und es auch verdient. Also werden ihr viele Gelegenheiten zum Lernen gegeben, die ihr helfen sollen, ihr Herz zu öffnen. Ihr Vertrauen ist vielleicht noch so wenig entwickelt, daß die Erfüllung des Wunsches tatsächlich so lange verzögert wird, bis sie genügend Vertrauen und Zuversicht zeigt.

201

Worum Sie auch bitten mögen, Sie werden etwas loslassen müssen, um es zu erhalten. Wenn Sie um Geld gebeten haben, gilt es vielleicht, das Bild des Mangels und alle Verhaltensweisen, die dieses Bild reflektieren, aufzulösen. Auch die Art und Weise wie Sie Geld ausgeben oder etwas kaufen, gehört dazu. Ihre Seele wird zahlreiche Herausforderungen und Gelegenheiten schaffen, um Ihnen dabei zu helfen. Das Geld kommt zuerst vielleicht nur in kleinen Beträgen, so daß Sie die Bereitschaft zeigen können, es für solche Dinge auszugeben, die Wohlstand schaffen. Hat sich die Energie in Ihnen schließlich gewandelt und sind Ihre Programme, Entscheidungen und Ansichten umgeformt worden, werden Ihnen neue Ideen zufließen, ganz konkrete Vorstellungen, wie Sie an die gewünschte Summe kommen können. Unter Umständen dauert es ein, zwei Jahre oder länger, bis die Programme über den Mangel an Wohlstand soweit geklärt sind, daß solche konkreten Ideen auftauchen können. Von da ab werden Sie viele Methoden finden, um Reichtum anzuziehen und ihn auszubauen, bis der Reichtum zur Tatsache geworden ist.

Manche Menschen bleiben auf halbem Wege stehen, wenn sich ein Wunsch nicht sofort erfüllt, weil ihr Verstand den Zusammenhang zwischen ihren Lernerfahrungen und ihrer Bitte um eine größere Veränderung nicht begreifen kann. Der Verstand interpretiert vielleicht einige Ereignisse so, als würden sie in die falsche Richtung führen – daß Sie zwar immer wieder um dasselbe bitten, aber genau das Gegenteil eintritt. Wenn Sie jedoch überlegen, wieviel Ihnen daraus erwächst, daß Sie (scheinbar) das Gegenteil von dem bekommen, das Sie möchten, werden Sie tatsächlich entdecken, wie diese Ereignisse Ihre Energie umwandeln und Sie auf eine bestimmte Weise öffnen, damit das Gewünschte eintreten kann.

Eine Frau bat z. B. um eine hundertprozentige Erhöhung

ihres Monatseinkommens. Kurz danach mußte ihr Arbeitgeber aufgrund geschäftlicher Probleme ihr Gehalt um die Hälfte kürzen. Es sah aus, als bekäme sie das Gegenteil von dem, worum sie gebeten hatte. Aber sie spielte nun mit dem Gedanken, sich in einer ähnlichen Branche selbständig zu machen, was sie sich schon seit Jahren gewünscht hatte. Die Kürzung ihres Gehalts gab die Motivation, eine eigene Firma zu eröffnen. Und einige Jahre später verdiente sie mit ihrem eigenen Geschäft tatsächlich das Geld, das sie sich gewünscht hatte.

Wie Sie sehen, bedeutet Veränderung viel mehr als nur um etwas zu bitten und es dann zu erhalten. Es kann bedeuten, nach innen zu gehen, Vertrauen und Zuversicht zu stärken und das Herz zu öffnen. Es ist wichtig, seiner inneren Führung und den inneren Impulsen zu vertrauen, um von der jetzigen Ebene auf die nächsthöhere zu gelangen. Das erfordert auch, viele alte Vorstellungen über sich selbst loszulassen. Sie werden genügend Gelegenheit erhalten, um diese geistigen Bilder zu verändern. Auf seelischer Ebene bedeutet Wachstum immer Freude, und die Seele achtet darauf, daß Sie ständig weiterwachsen. Ob Sie nun durch Freude oder Leid wachsen, das Wachsen selbst ist das Endziel. Nur durch Wachsen kann Ihnen zukommen, was Sie sich gewünscht haben. Die Seele läßt den Verstandesbereich weitgehend frei entscheiden, auf welche Ziele Sie sich ausrichten oder welchen Quantensprung Sie ausführen wollen.

Je höher Sie den Verstand ausrichten, um so mehr können Sie mit dem Wachstum Ihrer Seele eins werden. Wenn sich Ihr Verstand mit neuen Ideen befaßt, steigt er auf und verbindet sich mit dem Geist, der sich außerhalb der dichteren Energien der Erd-Ebene befindet. Der Geist antwortet Ihnen durch Ihre Emotionen, meist indem er Ihnen das Gefühl oder die Regung vermittelt, Sie sollten etwas Bestimmtes tun. Wenn diese Gefühle und Regungen spürbar werden, ist es manchmal besser, den Verstand zu ignorieren (oder nicht mit ihm zu streiten), denn er wird erst nach Gründen und Erklärungen suchen wollen, bevor er Sie handeln läßt. Wenn Sie den starken Drang verspüren, etwas Bestimmtes zu tun, sollten Sie dem folgen. Lassen Sie den Verstand beiseite, der Sie abhalten will, weil er nur seine vertrauten Programme kennt. Solche Regungen kommen jedoch aus Ihrer Seele, die einen viel größeren Überblick hat, als der Verstand überhaupt begreifen kann. Die Seele führt Sie in eine Richtung, die der Verstand nicht vorhersehen kann.

Man wird sich für einen Quantensprung wünschen müssen, der inneren Führung, diesen Regungen der Gefühlsebene und der Seele wirklich folgen zu wollen. Ein Quantensprung geht von zwei Realitätsebenen aus. Auf der einen setzt sich der Verstand ein Ziel, formuliert eine klare Absicht, trifft die Entscheidung, es zu erreichen, und richtet Ihren Willen darauf aus. Von der zweiten Ebene, der Seelenebene, strahlt das Höhere Selbst in alle Richtungen aus und zieht Zufälle, Menschen und Ereignisse für Sie an, die das Gewünschte hervorbringen helfen. Es geschieht jenseits der Verstandesebene, und Sie müssen Ihren inneren Regungen und der inneren Führung folgen, um sich diesem Fluß zu verbinden.

Sie können entscheiden,
wie schnell der Quantensprung
geschehen soll.

Um die Zeitspanne zwischen der Bitte und deren Erfüllung abzukürzen, werden Sie sich zunächst über Ihr Ziel klar.

Manche von Ihnen sind sehr unklar. Ihr Denken wandert ständig umher und kann nie eine klare Forderung an die Seele stellen. So braucht die Seele viel Zeit, den Verstand dahin zu bringen, daß er klar umreißt, was Sie eigentlich wollen. Je genauer und präziser Sie formulieren können, was Sie in einem beliebigen Lebensbereich erreichen möchten – einschließlich genauer Schritte und Richtlinien – um so schneller werden Sie es erhalten. Es wird vielleicht nicht genau in der Form auftreten, in der Sie es erbeten haben, aber Ihre Seele wird die Essenz dessen, was Sie wünschen, erwirken.

Durch Genauigkeit können Sie das Wesentliche formulieren. Nach diesem Wesentlichen streben Sie auch in jedem Quantensprung, und ich schlage vor, daß Sie sich bei allem, worum Sie gebeten haben, nachträglich die Frage stellen: «Worin besteht die *Essenz* dieser Bitte?» Wenn Sie es sich recht überlegen, wird sich zeigen, daß Sie immer die Essenz all dessen erhalten haben, worum Sie gebeten hatten. Wenn Sie sich z. B. eine Liebesbeziehung gewünscht haben, ging es vielleicht einfach um das Gefühl, geliebt zu werden. Ihre Seele kann Ihnen auf vielerlei Wegen Liebe zukommenlassen, vielleicht durch einen engen Freund, ein Kind oder ein Haustier, vielleicht auch durch beruflichen Aufstieg oder auf jede beliebige andere Weise, auf die Sie Liebe annehmen können. Hätten Sie gern einen gesünderen Körper, ist die Essenz dieses Wunsches vielleicht mehr Selbstliebe. Ist man bereit, bei den Quantensprüngen das Essentielle zu wollen, werden sie weit schneller geschehen.

Sollten Sie versucht sein, in die Vergangenheit zurückzugehen und sich zu sagen: «Ja, ich wollte dies oder jenes, habe es aber nicht bekommen», dann schauen Sie auf den Kern, die Essenz dessen, worum Sie gebeten hatten. Ich würde sagen, daß Sie es auf vielerlei Arten erhalten haben. Die Seele ist im Interpretieren von Bitten sehr kreativ. Sie muß auch kreativ sein, denn der Verstand ist in seiner Fähigkeit, Bitten zu formulieren, ziemlich beengt. Die Seele nimmt jede Bitte nach Wachstum an und dehnt sie in jede nur mögliche Richtung aus.

Zwischen dem Verstand und der Seele existieren ein paar Abkommen. Eines besteht darin, daß der Verstand nach den spezifischen Bereichen sucht, in denen das Wachstum erfolgen soll. Mittlerweile erweitert die Seele die Bilder und die Wahlmöglichkeiten, die der Verstand hat. Der Verstand kann die Chancen, die ihm die Seele eröffnet, nutzen oder auch nicht. Es herrscht also ein ständiges Zusammenspiel von Seele und Verstand, ähnlich dem von Verstand und Körper. Der Verstand schafft das Bild dessen, was er möchte und leitet die Daten an den Körper weiter. Der Körper kann die Führung durch den Verstand akzeptieren und entsprechend handeln oder sich entscheiden, es nicht zu tun.

Für einen Quantensprung sind oft emotionelle Veränderungen notwendig.

Schwermütige, traurige oder negative Gefühle verdichten die Aura um den Körper. Es ist so, als würde man mit schmutziger Windschutzscheibe Auto fahren. Sie können weder klar noch weit genug sehen. Das Licht der Seele kann nicht hell durchscheinen. Ihre Seele wird Sie in die Bereiche in Ihrem Leben führen, die emotionelle Störungen verursachen. Sie wird Ihnen helfen, sie genauer zu betrachten und nicht mehr auf sie zu reagieren. Finden Sie einen Weg, Ihre Gefühle zu beruhigen. Emotionale Ruhe verkürzt den Zeitraum, den man braucht, um ein Ziel zu erreichen. Wenn Sie ruhig und friedvoll sind, dringt die Seele durch die Emotionen hindurch, um Ihnen innere Führung zu geben. Die

Seele führt Sie durch Ihren Gefühlskörper mit Hilfe von Regungen, Einsichten und plötzlichen Impulsen, die Sie in neue Bereiche geleiten.

Einen Quantensprung zu vollziehen bedeutet nicht, Erleichterung von Sorgen oder Enttäuschungen zu suchen, sondern Vergnügen und Freude zu schaffen. Denken Sie an eine Zeit zurück, in der Ihnen etwas Großes gelungen ist, und versuchen Sie wieder die Sehnsucht zu spüren, die Sie damals motiviert hat. Oft sagen Sie sich selbst: «Ich *sollte* dies tun oder jenes machen, damit ich glücklich sein kann.» Versprechen Sie sich davon aber nur ein Gefühl der Erleichterung, wird es weiterhin nur ein *Sollen* bleiben, und Sie werden es nicht in die Tat umsetzen. Sie müssen eine «Motivation der Sehnsucht» für die Dinge entwickeln, die Sie tun wollen. Sie benötigen eine starke Motivation und ein echtes inneres Streben, um einen Quantensprung durchzuführen. Es wird nicht funktionieren, wenn es nur eine Sache ist, die Ihr Verstand als erfreuliche Idee hervorgebracht hat, oder weil es sich gut anfühlen könnte. Es muß etwas sein, dem man sich auf allen Ebenen verschreiben kann, das alle Ihre Gefühle in Bewegung bringt, etwas, das Sie wirklich und wahrhaftig tun möchten.

Armut abzulehnen reicht nicht aus, um sie loszuwerden. Wenn Sie Geld besitzen möchten, muß Ihr Streben danach stark genug sein und es muß Ihnen wirklich Spaß machen, welches zu verdienen. Sie können nicht erhalten, was Sie sich wünschen, indem Sie Ihren Geldmangel verabscheuen. Während Sie den Quantensprung überdenken, den Sie vornehmen wollen, fragen Sie sich: «Was *ist* meine Motivation?» Wenn Sie herausfinden, daß es nur darum geht, sich von einem Gefühl der Unzufriedenheit mit sich selbst zu befreien, fragen Sie sich: «Was für eine Motivation kann ich mir *schaffen?*» Dinge, die Sie wirklich anstreben und auch verwirklichen, haben immer eine starke emotionelle Ladung für Sie, bereiten Ihnen viel Freude und Vergnügen. Sie können z. B. immer Geld für eine Sache auftreiben, die Sie tun möchten. Sie können immer Zeit für etwas finden, das Ihnen Spaß macht. Und dasselbe gilt für den Quantensprung. Wenn es einen Bereich gibt, von dem Sie glauben, daß eine große Veränderung angebracht wäre, die aber noch nicht durchgeführt ist, fragen Sie sich, ob es wirklich in Ihrer Absicht liegt. Sie werden den Unterschied erkennen. Wenn Sie auf einen Quantensprung hinarbeiten, der noch nicht eingetreten ist, machen Sie sich bewußt, daß alles, was Sie jetzt in Ihrem Leben tun, Sie diesem Ziel näherbringt. Gehen Sie einen Moment lang nach innen und fragen Sie sich: «Welchen Quantensprung bin ich gerade im Begriff zu tun? Und was ist in der vergangenen Woche oder sogar heute geschehen, das mich vielleicht darauf vorbereitet?»

**Der Verstand arbeitet besser,
wenn er für den Fortschritt
auf seinem Weg feste Bezugspunkte hat.**

In manchen Punkten ist der Verstand wie ein Kind. Kinder wollen nicht an die höhere Schule denken, wenn sie erst zwei Jahre alt sind. Sie möchten an Essen denken oder an ihre Freunde. Der Verstand reagiert genauso. Schaffen Sie sich für morgen eine kleine Freude – einen kleinen Schritt oder einen Punkt im Handlungsablauf, der Sie Ihrem Ziel ein Stück näher bringt. Der Verstand liebt Orientierungshilfen und das Gefühl, etwas erreicht zu haben. Was könnten Sie tun, das Ihnen morgen Freude bereiten und Sie einen Schritt näher an Ihr Ziel heranführen würde? Fragen Sie sich gleichzeitig auch: «Fühle ich ein inneres Drängen, jetzt etwas zu tun, das ich immer aufgeschoben habe?» Etwas wovon Sie glaubten, es brauche zuviel Zeit oder es sei abwegig? Beginnen Sie auf diese Weise mit Ihren Emotionen und dem Verstand zu arbeiten, um einem Quantensprung noch näher zu kommen. Wenn Sie sich jeden Tag beim Aufwachen fragen: «Wohin geht meine innere Sehnsucht heute? Was könnte ich tun, um meinem Verstand zu zeigen, daß ich meinem Ziel näherkomme?», werden sich eher Fortschritte zeigen. Der Verstand liebt das Gefühl, etwas erreicht zu haben. Sie müssen ihn zufriedenstellen. Auch der Emotionsbereich fühlt sich wesentlich wohler, wenn Fortschritte sichtbar sind. Seien Sie sich bewußt, daß Ihre jetzigen Schritte sich im nachhinein vielleicht nicht als notwendig erweisen. Sie können trotzdem zufriedenstellend wirken und ein Gefühl des Weiterkommens vermitteln. Der Verstand kann zeitweise die Ereignisse – Telefonanrufe, besondere Schwierigkeiten – nicht mit dem Fortschritt in Verbindung bringen. Man sieht oft das große Bild, die Vision vor sich, aber jedes kleine Teilchen des Puzzles geschieht im gegenwärtigen Augenblick und scheint manchmal nicht ins Ganze zu passen. Selbst die Äußerung eines Freundes oder ein einfaches Telefongespräch können durchaus Teil Ihres Fortschritts sein. Der Verstand, der nicht all die Bereiche kennt, die sich geöffnet oder all die Ansichten, die sich verändert haben, kann oft das Bewegungsmuster nicht erfassen. Er glaubt nicht, daß Sie sich weiterentwickeln oder Ihr Ziel erreichen. Wenn er ungeduldig wird oder zweifelt, kann er Ihre Emotionen trüben und damit den Sprung erschweren. Gelingt es Ihnen, Ihrem Geist die Befriedigung zu verschaffen, etwas erreicht zu haben, sollte das auch Ihre Empfindungen ins Gleichgewicht bringen.

Fragen Sie sich, welchen Schritt Sie tun möchten, der Sie Ihrem Ziel näherbringen würde. Fragen Sie sich, ob Sie innere Anregungen für etwas erhalten haben, das Sie im kommenden Monat tun könnten. Es braucht nicht offensichtlich direkt mit Ihrem Ziel in Zusammenhang zu stehen. Treffen Sie die Entscheidung, es zu tun.

Wie man den Quantensprung vollzieht

Übungsbogen

1) Welchen Quantensprung würden Sie in Ihrem Leben gerne vollziehen?

2) Gibt es etwas, das Sie loslassen müßten, um ihn zu vollziehen (eine Ansicht, Einstellung, eine Sache, eine Person)?

3) Was ist die Essenz hinter diesem Ziel? Können Sie die Essenz dessen, was Sie möchten, auch in einer anderen Form erhalten?

4) Was ist Ihre Motivation dafür, das heißt, was versprechen Sie sich davon?

5) Oft sind innere Regungen oder ein sanfter Hinweis im Verstandesbereich mit Ihrem Quantensprung verbunden, auch wenn es nach außen hin nichts miteinander zu tun haben mag. Notieren Sie sich hier jegliche dieser inneren Regungen.

6) Welchen spezifischen Schritt, wie einfach er auch sein mag, können Sie in der nächsten Woche in Richtung auf Ihr Ziel tun?

XVIII
Für ein höheres Ziel leben

Dieses höhere Ziel ist ein Energiestrom, dem Sie sich verbinden, wenn Sie etwas schaffen, das der Menschheit oder Ihrer eigenen spirituellen Evolution dient. Ohne dieses höhere Ziel sind Sie ein Wanderer, der umherstreift, verschiedene Wege beschreitet, häufig die falsche Abzweigung nimmt und Zeit verliert. Mit einem höheren Ziel haben Sie jeden Augenblick die Wahl, wissend, wie diese Stunde, der Tag oder die Woche zu nützen sind. Es ermöglicht Ihnen, in diesem Leben rasch zu wachsen und sich weiterzuentwikkeln. Jeder hier auf Erden besitzt ein solches höheres Ziel. Sie sind auf die Erde gekommen, um Teil eines Energiesystems zu sein, das mit Emotionen, Persönlichkeit und Gedanken arbeitet. Es schließt mit ein, daß das, was *in* Ihnen ist, in der äußeren Welt gespiegelt wird. Sie sind auf der Erde, um schöpferisch wirken zu können und um sich in der Welt um Sie herum wiedererkennen zu können. Es gibt andere Universen, in denen die Formen schneller kommen und gehen, sie erscheinen oder verschwinden beinahe im selben Augenblick, in dem sie erdacht wurden.

Hier bewegen sich die Dinge langsamer. Die Zeit läuft tatsächlich verlangsamt ab, damit Sie sich auf bestimmte Dinge konzentrieren können. Sie haben sich in einen Zeitrahmen zergliedert, der «von der Geburt-bis-zum-Tod» genannt wird. Dadurch können Sie an spezifischen Energien arbeiten. Ich spreche im Vergleich zu der Gesamtstruktur des Universums, denn aus universeller Sicht bewegt sich die Erd-Ebene sehr langsam. Die Wellenlänge des Tones ist sehr lang, so daß Sie die Materie erfahren können.

Aus dieser Perspektive gesehen, möchten Sie sich weiter aufwärtsentwickeln zur höchsten Frequenz dieses Tones hin, damit Sie in andere Bereiche eintreten können, wo andere Regeln gelten. Es existieren z. B. Bereiche, in denen Sie eher einem Wesen aus reiner Energie gleichen, unabhängig von der konkreten Welt von Raum, Zeit und Materie.

Hier wirken Ihre Gedanken schöpferisch und werden Materie. Man könnte sagen, Ihre Welt besteht aus erstarrten Gedanken. Es dauert lange, um eine Form zu erschaffen, und für einige von Ihnen dauert es sogar noch länger, um sie wieder aufzulösen. Da sich die Zeit auf diesem Planeten so langsam bewegt, müssen Sie mit Ihrer Energie haushalten, und das ist einer der Gründe, warum es so lange zu dauern scheint, bis Sie erreichen, was Sie sich wünschen.

Wenn Sie etwas Bestimmtes möchten, können Sie auch direkt darauf zugehen. Es mag immer noch einige Jahre dauern, bevor Sie Ihr Ziel erreichen (z. B. als Schriftsteller oder in einem körperlichen Training), aber ein höheres Ziel zu verfolgen erspart viel Zeit. Wenn ich von einem höheren Ziel spreche, meine ich damit, die Zeit zu komprimieren, die Evolution Ihrer Seele zu beschleunigen und Ihre Schwingung zu erhöhen. Je intensiver Sie Ihr Ziel verfolgen, um so weniger Energie verschwenden Sie, und um so schneller können Sie nach oben gelangen. Letzten Endes bedeutet das höhere Ziel die spirituelle Evolution.

Das neue Zuhause oder das fertige Buch sind nicht das Ziel des Wachstums. Aber der Vorgang, durch den Sie diese Dinge hervorbringen, und das Wachstum, das in Ihnen stattfindet – die neu erworbenen Fähigkeiten und Einsichten; das Herz, das aufgeht, wenn Sie lieben; ein neues Gefühl für Schönheit, wenn Sie die Blumen in Ihrem Garten betrachten; das, was Sie empfinden, wenn sich ein Ziel verwirklicht hat; die Sammlung und Konzentration bei der Arbeit –, das ist das höhere Ziel, die Evolution.

Spirituelles Wachstum bedeutet,
sich die Schönheit
noch stärker bewußt zu machen,
das Herz zu öffnen
und mehr Liebe und Mitgefühl
zu empfinden.

Unter einem höheren Ziel verstehe ich die Zielsetzung der Seele, die darin besteht, all Ihre Energien auszugleichen und Ihr Wesen mit dem Ton Ihrer Seele in Harmonie zu bringen. Jede Seele besitzt einen ganz eigenen Klang, ihren Ton. Je mehr Sie ihn in der äußeren Welt durch Ihre Stimme ausdrücken können, um so mehr Formen können Sie erschaffen, die Ihrem inneren Wesen entsprechen. Sie werden bemerken, wie Sie tiefer und rhythmischer zu atmen anfangen, wenn Sie Ihren Ton klingen lassen. Beginnen Sie, indem Sie einfach Laute aus Ihrem Mund kommen lassen, bis Sie einen schönen, angenehmen Ton gefunden haben. Einfaches Summen oder Singen solcher Töne hilft, Ihre Aura zu reinigen und Ihre Schwingungen anzuheben. Es wird die verschiedenen Teile Ihres Wesens in Einklang bringen.

Es gibt viele Möglichkeiten, wie Evolution erfolgen kann, je nachdem, wo Sie sich auf Ihrem Weg befinden. Im Grunde genommen beginnen alle Seelen auf der Erde in dichteren Energien und arbeiten sich in die höheren, feineren Energien hoch. Einigen gelingt das sehr schnell, andere brauchen länger. Welche Gründe führen dazu, daß man langsamer wächst? Einer davon ist die Unfähigkeit, eine Form loszulassen, wenn sie keine Essenz mehr enthält. Wenn eine Form geschaffen wurde, aber der Grund dafür nicht mehr vorhanden ist, ist es Zeit, sie aufzulösen. Sie haben das sicherlich schon in Beziehungen erlebt – wie viele Menschen klammern sich noch an die leere Hülle, obwohl der Verbindung alle Lebensenergie fehlt. Ein weiterer Grund für verlangsamte Evolution ist mangelnde Zielgerichtetheit. Wenn Sie nach oben blicken mit der Absicht, nach oben zu gelangen, wird das auch geschehen. So können Sie sich bei jeder Situation im Leben fragen: «Unterstützt das meine Entwicklung, führt es mich weiter oder nicht?» Wenn nicht, können Sie nochmals fragen: «Gibt es eine Möglichkeit, diese Situation zu verändern oder mit diesem Menschen auf eine Weise zusammenzuleben, die mein Wachstum fördert?»

Sie können jede Situation im Sinne Ihres höheren Ziels bewältigen. Sie können die dichteren Energien bedrückender Emotionen, Angst oder Schmerz hinter sich lassen. Auf der Erdenebene gibt es unzählige schöne Erfahrungen. Die Fähigkeit, sich an Sinneswahrnehmungen zu erfreuen, Klänge zu hören, zu berühren, zu fühlen und Liebe zu erleben, kann jeden Menschen mit Freude erfüllen. Sie *können* aus der Abgetrenntheit herauskommen. Sie schaffen auf so vielerlei Art Einsamkeit und Abgetrenntheit. In Ihrer Welt besitzen Sie nicht nur individuelle Körper, sondern Sie fühlen sich auch sehr oft von Ihrem eigenen, wahren Selbst abgetrennt. Jedesmal, wenn Sie zweifeln und denken, Sie seien nicht gut oder stark genug, haben Sie sich z. B. von Ihrem Höheren Selbst abgetrennt. Der Weg Ihrer Seele geht dahin, all Ihre verschiedenen Wesensteile zu verbinden und sie mit dem Höheren Selbst zu verschmelzen. Sie können Ihr höheres Ziel auch in die konkreten Dinge, die Sie anstreben, hineinbringen. Ich möchte Ihnen empfehlen, sich als erstes zu fragen: «Was ist die Essenz hinter dieser Form?» Wenn Sie z. B. ein Geschäft eröffnen wollen, fragen Sie: «Welches höchste Ziel steht dahinter? Wie kann es der Erde als Ganzem dienlich sein? Wie sehr kann es mir persönlich weiterhelfen?» Wenn Sie ein finanzielles Ziel erreichen wollen, können Sie ebenfalls zuerst nach der Essenz dieses Vorhabens fragen: «Dient es meinem höheren Ziel, wenn ich diese Form hervorbringe?» Sofern Sie sich Geld wünschen, um das, woran Sie arbeiten, in der äußeren Welt umsetzen zu können, um ein Projekt zur Heilung anderer zu schaffen, und wenn Sie außerdem nur Werkzeug sein möchten (nicht aus egoistischen Motiven), wird Ihnen das Universum die Mittel in Hülle und Fülle zukommen lassen. Aber alles, was Sie zu besitzen oder festzuhalten versuchen, wird Ihr Wachstum verzögern. Das Universum wird auf seine liebevolle, sanfte Weise danach streben, Sie davon abzuhalten. Sollte es Ihnen gestattet sein, solche Dinge, an denen sie hängen, zu behalten, nachdem sie eigentlich ausgedient haben, werden Sie feststellen, daß Sie in einer härteren, schwereren Energie leben, die mehr Anstrengung mit sich bringt.

Das Leben braucht nicht hart zu sein.

Sie können ein Leben in Freude führen, wenn Sie Ihre Energie sanfter machen. Was meine ich damit? Jedesmal, wenn jemand auf Sie wütend ist, können Sie ohne weiteres ebenfalls mit Zorn und Härte reagieren. Oder Sie können sich selbst so weit besänftigen und weicher werden, daß Sie dem Betreffenden mit echtem Mitgefühl begegnen. Dies trennt Ihre Energie von der des anderen auf der Persönlichkeitsebene, verbindet Sie aber gleichzeitig mit ihm über das Herz.

Viele von Ihnen glauben, man benötigte einen ausgeprägten Willen, um seine Energie zu beherrschen. Wer seinem höheren Ziel lebt, wird feststellen, daß er auch in Einklang mit seiner Energie lebt und sie nicht zu kontrollieren braucht. Konkret bedeutet das, keine Zeit, auch nicht in Gedanken, zu vergeuden und der Versuchung zu widerstehen, Vergangenes, das Ihnen keine Freude bereitet hat, immer wieder hervorzuholen. Auch in diesem Fall ist das Singen, dem eigenen Klang Ausdruck verleihen, eine Möglichkeit, zurück in sein Zentrum zu finden. Beachten Sie, wie Ihr Geist klarer und freier wird, wenn Sie das tun. Je öfter Sie Ihren Ton singen, um so eher werden Sie den finden, der im Einklang mit Ihrem Wesen ist. Das ist etwas, das Sie niemand lehren kann. Sie müssen es selbst herausfinden. Es ist ein freudiger, angenehmer und friedvoller Ton, und man fühlt sich wesentlich wohler, nachdem man ihn gesungen hat.

Bevor Sie geboren wurden, haben Sie nicht entschieden *wie*, sondern nur *welche* Energien Sie in Ihrem Wesen entwickeln würden. Die Dinge, die geschehen, die Laufbahn, die Sie einschlagen, und die Menschen, die Sie anziehen, stellen einfach die Auswirkung Ihrer Entwicklung dar. Sie sind deren Schöpfung und Endprodukt. Vielleicht sind Sie verwirrt und meinen, ein neues Haus oder eine neue Begegnung seien Zeichen Ihres Fortschritts. In gewissem Sinne ist es so, aber der Fortschritt hat schon lange vorher stattgefunden, bevor diese Dinge aufgetaucht sind.

Gehen Sie einen Augenblick nach innen, fühlen Sie Ihre Energie und lassen Sie ein Bild oder Symbol, eine Vorstellung, ein Gefühl oder Wort in Ihnen aufsteigen, das Ihr Ziel repräsentiert. Um welche Art Wachstum geht es für Sie in diesem Leben? Was waren Ihre größten Herausforderungen? Was wollten Sie in der äußeren Welt als Form hervorbringen?

Ihr höheres Ziel drückt sich immer
als etwas aus, das Sie lieben.

Machen Sie sich im kommenden Monat Ihr höheres Ziel bewußt, das immer heiter und freudvoll aussieht. Es führt Sie den feineren Energien im Leben zu, wie es z. B. die Verbindung mit einem geliebten Menschen, das fröhliche Beisammensein mit Freunden, Sammlung und Leichtigkeit bei der Erfüllung Ihrer Aufgaben tun. Jeder Moment kann Freude für Sie bereithalten, wenn Sie Ihrem Ziel entsprechend leben.

Das höhere Ziel zu verwirklichen heißt, an sich selbst und die Güte des Universums zu glauben. Wenn Sie eine Entscheidung treffen könnten, die Sie bei der Verwirklichung Ihres höheren Ziels am meisten fördern würde, so wäre es die, an sich selbst zu glauben und dem Universum zu vertrauen. Aus meiner Sicht kann ich sagen, daß es so viel Liebe gibt, so viele Menschen, die allein im Umkreis von fünf Kilometern von Ihrem Zuhause leben, mit denen Sie sich auf liebevolle Weise verbinden könnten. Es gibt eine solche Fülle von Geld und Wohlstand in Ihrer Gesellschaft, daß Sie jedes Ziel, für das Sie sich entschieden haben, verwirklichen können.

Wie würde es sich anfühlen, wenn jede Faser Ihres

Wesens um Ihr höheres Ziel wüßte und mit ihm in Berührung wäre? Mit diesem Ziel im Herzen würden Sie Ihren physischen Körper veredeln, die Gedanken erheben und den Gefühlen Frieden bringen. Die höhere Zielsetzung reicht in Ihr inneres Selbst hinein, bringt es in die äußere Welt und hebt Ihre Energie auf eine höhere Ebene. Dieses Leben gibt Ihnen die Gelegenheit, das Licht zu finden und in Freude zu leben. Alles, was Sie bis zu Ihrem Tod erreicht haben, gehört Ihnen. Jeder Gewinn, den Sie machen, jeder Lebensbereich, den Sie mit Freude erfüllen, jeder Ort, wo Sie Lachen, Frieden und Fröhlichkeit finden können, wird bereits für das nächste Leben bereitstehen, wo das auch sein mag. Auch was Sie für die Entwicklung Ihres Körpers tun, z. B. sich besser ernähren, sich mehr Bewegung verschaffen, tanzen, spielen, sich sammeln und das Licht in sich einfließen lassen, wird für die Weiterentwicklung im zukünftigen Leben bereitstehen. Der Sinn Ihres Erdenlebens besteht zu einem Teil daraus, sich des Höheren Selbst bewußt zu werden, damit es sich auf allen Ebenen mit Ihrem Geist verbinden kann. Jeder von Ihnen besitzt die Fähigkeit, zu helfen und zu heilen, und die meisten unter Ihnen haben das aufrichtige Bestreben danach.

Vollziehen Sie einmal im Jahr die folgende symbolische Handlung, die ich auch schon am Anfang beschrieben habe: Beim Aufwachen stellen Sie sich vor, daß Sie Ihr höchstes Ziel in Händen halten, und zwar in Form eines Symbols. Sie halten das höchstmögliche Ziel in Händen, für dessen Verwirklichung Sie hierher gekommen sind. Führen Sie es an Ihr Herz. Erfüllen Sie es mit Licht und bitten Sie um Führung und Hilfe durch höhere Kräfte. Fühlen Sie Ihre Energie aufsteigen und lassen Sie sie los, damit Sie wieder zu Ihnen zurückfließen kann. Senden Sie einen Ruf an das Universum aus und erklären Sie, daß Sie bereit sind zu wachsen.

Sie werden dann viele Gelegenheiten erhalten, um zu wachsen und sich weiterzuentwickeln, und keine Ihnen gestellte Herausforderung wird jemals Ihre Fähigkeiten und Mittel übersteigen. Die Erde kann auch ein Ort der Sanftheit sein. Auf den Ebenen, wo eher gröbere, dichtere Energien herrschen, fühlt sie sich vielleicht nicht immer ganz so nett und sanft an.

Sie lernen und wachsen durch alles, was Sie hervorbringen.

Sie schaffen sich Krisen, weil Sie in solch einer Zeit Ihrer Seele nahe sind. Sie müssen sich nach innen, außen und oben wenden, um sich wieder mit Ihrem Ziel zu verbinden. Sind Sie gewillt, für Ihr höheres Ziel zu leben, hören Sie auf sich selbst, verbinden Sie sich mit Ihrer Seele, handeln Sie nach deren Anweisungen, und es braucht weder Krisen noch Kämpfe in Ihrem Leben zu geben. Sie brauchen nicht einmal die Form Ihres Ziels zu kennen. Es genügt die Absicht, ein höheres Ziel zu verfolgen, und es wird für Sie sichtbar werden. Dieses Ziel repräsentiert die Bewegung der Seele, die Energie, welche Himmel und Erde verbindet. Sie ist an konkreten Formen ablesbar – das neue Haus, die Heirat, die Dinge, die Sie angestrebt haben. Aber das sind nur die Ereignisse, die das neue Wachstum der Seele sichtbar machen. Da Sie sehr rasch wachsen, und zwar alle von Ihnen, müssen Sie sich ständig neue Herausforderungen schaffen, um zu erfahren, wer Sie sind. Das können nun freudige Ereignisse auf höheren Ebenen sein, aber auch Krisen und Kampf in den niederen Bereichen.

Wollen Sie für ein höheres Ziel leben, dann verpflichten Sie sich ihm auch wirklich. Womit verbringen Sie Ihre Zeit?

Wohin gehen Ihre Gedanken, wenn Sie allein sind? Lernen Sie, einen höheren Gesichtspunkt zu bewahren, und wenn Sie gerade nichts Besseres zu tun haben, verwenden Sie Ihre Zeit darauf, zu überdenken, warum Sie hier sind und was Sie der Menschheit anzubieten haben. Ihr Ziel wird für Sie erkennbar, indem Sie dem Höheren Selbst dienen, anderen helfen und bereit sind, das zu verwirklichen, was Ihrer Vision vom größtmöglichen Dienst an der Menschheit entspricht. Denken Sie an etwas, das Sie nächste Woche tun können, etwas Bestimmtes, das Sie als Teil Ihres höheren Ziels erkennen, sei es nun ein kurz- oder langfristiges Ziel. Nehmen Sie sich vor, daß Sie – nachdem Sie das getan oder bewirkt haben – anerkennen werden, Ihrem höheren Ziel gelebt zu haben. Wenn die eine Sache beendet ist, können Sie einen weiteren, konkreten Vorsatz für etwas Neues fassen, und so bauen Sie sich Trittsteine, um Ihrem Ziel gemäß zu leben.

Den morgigen Tag über erinnern Sie sich daran, was für ein wertvoller Mensch Sie sind. Sehen Sie Ihre eigene Schönheit. Fühlen Sie Ihre innere Stärke, erkennen Sie, wie gut Sie sind. Anerkennen Sie, wie liebevoll Sie sind, und fühlen Sie das Licht, das Sie umgibt. Gewähren Sie sich selbst Anerkennung, und während Sie das tun, suchen Sie nach Ihrem höheren Ziel. Sie wissen, was Sie als Nächstes tun möchten. Vielleicht haben Sie Gründe, warum Sie es nicht tun können, alte Erinnerungen und Muster, die Sie zu hindern scheinen, aber Sie wissen durchaus, was Sie wollen. Holen Sie das an die Oberfläche, ziehen Sie es aus dem Unterbewußtsein herauf, hören Sie auf die subtilen Hinweise in Ihrem Geist und machen Sie es zur Wirklichkeit. Bewahren Sie diese Vision vor sich. Wenn Sie ein friedvolles, ruhiges Leben führen wollen, ein(e) gute(r) Mutter/Vater sein möchten, sich einen Partner wünschen, der Sie liebt, achtet und schätzt, dann schaffen Sie diese Vision. Beschließen Sie, daß sie sich erfüllen wird. Formulieren Sie eine klare Absicht. Wenn Sie der Welt dienen möchten und Ihre Arbeit nach außen hin verwirklichen wollen, wenn Sie Wohlstand erleben möchten, sich neuer Kreativität und neuen Fähigkeiten öffnen wollen, gibt es immer einen Teil in Ihnen, der weiß, *wie* es möglich ist. Sprechen Sie zu ihm und bitten Sie ihn, Ihnen die entsprechenden Schritte zu zeigen. Achten Sie auf Ihren inneren Dialog und hören Sie auf die Botschaften dieses Teils Ihrer selbst.

Die Verwirklichung Ihrer Absicht hängt davon ab, ob Sie an sich glauben, sich vertrauen und Ihre Vision ständig wachhalten. Es gibt viele Gründe aufzuhören, dem Universum und sich selbst zu vertrauen und zu glauben, aber es gibt ebenso viele Gründe, sich nicht beirren zu lassen. Das Universum prüft öfter, um festzustellen, wie sehr Sie an Ihre Vision glauben. Jedes Ziel ist erreichbar, wenn Sie beständig darauf hinarbeiten.

Für ein höheres Ziel leben

Übungsbogen

1) Denken Sie an ein bestimmtes Ziel, das Sie jetzt verfolgen. Notieren Sie es hier.

2) Schließen Sie die Augen und denken Sie an ein Symbol, das die höchstmögliche Erfüllung dieses Ziels darstellt, einschließlich des Zwecks, den es für Sie und die Menschheit erfüllt. Zeichnen Sie das Symbol hier auf oder beschreiben Sie es.

3) Nehmen Sie das Symbol in die Hände, ziehen Sie es eng an Ihr Herz und fragen Sie sich:

a) Wie kann dieses Ziel mehr Licht in mein Leben bringen?

b) Wodurch bringt es Licht in das Leben anderer?

c) Wie ist es der Menschheit dienlich?

4) Welchen einzelnen Schritt, wie klein er auch sein mag, könnten Sie heute oder morgen in Richtung auf dieses Ziel tun?

XIX

Das Lebensziel erkennen – welche Aufgabe haben Sie hier zu erfüllen?

Viele von Ihnen befinden sich in einer Übergangsphase. In solchen Zeiten wird immer sehr viel Energie frei. Ob Sie gerade ein Hoch oder ein Tief erleben, jedesmal wenn sich Ihr Leben verändert, spüren Sie sicherlich, daß Sie leben und von Geist und Energie erfüllt sind. Die starke Seite in Ihnen, der Teil, der loslassen und beobachten kann, der auf das Licht blickt, der Ihr Leben besser, freudiger und friedvoller gestalten möchte, wird in diesen Phasen sichtbar. Was ist Ihre Aufgabe hier? Das Lebensziel zu erkennen ermöglicht es Ihnen, Ihre Bestimmung zu erfüllen. Verstehen Sie mich nicht falsch, Sie alle sind freie Wesen. Sie haben nicht schon vor Ihrer Geburt einen Weg festgelegt, dem Sie dann folgen *müßten*. Sie haben einige Grundlagen vorbereitet, sich bestimmte Eltern zugelegt und einen bestimmten Teil der Welt ausgesucht, in dem Sie geboren werden wollten. Sie haben die Umstände in Ihrem Leben so gestaltet, daß Sie wie ein Geschoß eine bestimmte Zielrichtung haben würden. Sobald Sie hier sind, erfolgt das Leben völlig spontan und entscheidet sich von Moment zu Moment. Es gibt keine vorherbestimmte Grenze dafür, wie weit Sie gehen können. Es gibt keine Grenzen!

Sie leben in einer unbegrenzten Welt.
Sie können sich weit über alle Ihre
Vorstellungen hinaus ausdehnen.

Um sein Lebensziel zu erkennen, muß man über das kollektive Gedankengut hinausgehen. Viele von Ihnen sind unter einem ausgeprägten Leistungsdruck aufgewachsen, etwas zu tun, zu erreichen oder sich einen Namen zu machen, um sich auf die eine oder andere Weise achtbar zu fühlen. Wenn Sie Ihr Lebensziel suchen, fragen Sie Ihre Seele und sich selber: «Tue ich das für mich, zu meinem höchsten Wohl, oder tue ich es, um anderen zu gefallen und ihrer Vorstellung von mir zu entsprechen? Erfülle ich diese Aufgabe, damit man mir auf die Schulter klopft und Anerkennung zollt? Oder tue ich das, weil ich es wirklich will, weil es meinem Wesen entspricht und Freude bringt?»

In Ihrer Kultur sehe ich so viele Programme und Ansichten darüber, was es heißt, ein guter und achtbarer Mensch zu sein – indem man viel Geld verdient, sehr bekannt wird oder möglichst religiös ist. All diese Dinge können nützlich sein, wenn sie aus einem tiefen seelischen Streben heraus geschehen. Aber sie können auch abseits Ihres Weges liegen, wenn sie nur getan werden, um ein Bild zu erfüllen, das aus dem Ego oder der Persönlichkeit stammt. Betrachten Sie sich jetzt selbst einmal und fragen Sie sich, was Sie aus Ihrem Leben machen würden, wenn es keine gesellschaftlich bedingten Bilder von dem gäbe, was als gut und richtig erachtet und bewundert wird. In Ihrer Kultur liegt die Betonung mehr auf äußerer Produktivität als auf innerem Frieden, Freude, Liebe und Mitgefühl. Und alles ist durchdrungen von dem Wert der *Zeit* – man muß dies oder jenes in einem bestimmten Alter erreicht haben, oder man gilt als

Versager. Es herrscht ein gewisser Druck, alles möglichst schnell zu erledigen. Ich sage Ihnen, daß Ihnen all die Zeit gegeben ist, die Sie benötigen, wenn Sie Ihrem Lebensziel entsprechend handeln.

Lassen Sie es gut sein und wissen Sie, daß Sie jeden Tag über genügend Zeit verfügen, Ihr Ziel zu erreichen. Wenn Sie nicht den Eindruck haben, Ihrem Ziel näherzukommen und genügend Zeit zu haben, nehme ich an, daß Sie etwas tun, was nicht Ihr Lebensziel ist. Wenn Sie Ihr Lebensziel verwirklichen, wird auch die Zeit ausreichen, denn Sie verschaffen sich die nötige Zeit. Es wird Ihnen so viel Freude bereiten, daß alles andere wegfällt, und Bestimmtheit, Ausrichtung und Konzentration da *sind*. Falls Sie sich aus Pflichtgefühl zu etwas zwingen oder weil man Sie deswegen bewundern und respektieren wird, würdigen Sie wahrscheinlich das Licht Ihrer Seele nicht.

Jeder von Ihnen hat ein anderes Ziel, und Sie können andere nicht nach dem, was sie tun, beurteilen. Jeder von Ihnen hat sich auf den Weg gemacht, um in diesem Leben bestimmte Dinge zu lernen und auf jede nur mögliche Weise zu wachsen. Vieles von dem, was die Verwirklichung des Lebensziels blockiert, hat seine Ursache in kollektiven Gedankenformen, mangelnder Geistesschulung sowie anderen Menschen, vor allem jenen, die Ihnen nahestehen. In engen persönlichen Beziehungen neigen die Menschen dazu, die Ziele und Gedankenformen des anderen anzunehmen. Betrachten Sie Ihr Lebensziel, achten Sie darauf, wer Ihnen nahesteht, und fragen Sie sich, ob Sie etwas verwirklicht haben, das der *andere* für Sie wollte. Oder ist Ihnen klar, was Sie selbst wollen? Sehr oft sind die Menschen, die Sie am meisten lieben, auch diejenigen, die Sie am stärksten behindern. Nicht durch ihre Negativität, sondern durch ihre Zuneigung, den Wunsch, daß Sie immer für sie da sein und ihren Vorstellungen und Bildern entsprechen sollen.

Bei der Erforschung Ihres Lebensziels fragen Sie sich einmal, was Sie tun würden, wenn Sie alleine wären. Wenn es niemanden in Ihrem Leben gäbe, der durch das, was Sie tun, Vorteile oder Nachteile hätte, würde das Ihre Entscheidungen anders aussehen lassen? Was würden *Sie* für sich selbst tun? Was würde Ihnen Frieden und Freude bringen? Wenn die Gesellschaft nicht existierte oder völlig andere Werte hätte – würden Sie das, was Sie jetzt machen, immer noch gerne tun? Vor hundert Jahren sahen die Wertmaßstäbe in diesem Land anders aus. Man bewunderte Menschen für Dinge, die heute nicht mehr geschätzt werden. Die Ansichten der Gesellschaft sind ständig im Wandel begriffen, und wenn Sie Ihr Lebensziel auf dem aufbauen, was Sie in Ihrer Umgebung sehen, wird es ebenso veränderlich sein und nicht unbedingt das Licht Ihrer Seele spiegeln.

Stellen Sie sich vor, Sie seien ein Fels in einem Strom und das Wasser bewege sich um Sie herum. Viele von Ihnen lassen sich von den Strömungen hierhin oder dorthin tragen. Bleiben Sie gesammelt und ausgeglichen in der vorbeifließenden Strömung stehen, oder lassen Sie sich von jeder Welle umwerfen?

Stellen Sie sich vor, Sie hätten eine geistige Antenne und könnten sie in diesem Augenblick so ausrichten, daß sie nach oben zu den höheren Idealen weist, die Ihnen entsprechen. Was schätzen Sie an sich selbst? Wie möchten Sie sich fühlen? Halten Sie einen Moment inne, um sich zu fragen: «Welche Gefühle möchte ich empfinden? Wie soll mein Universum jetzt in diesem Moment aussehen?» Spüren Sie diese Empfindungen jetzt ganz deutlich, als hätten Sie Ihr vollkommenes Universum bereits in diesem Augenblick zur Verfügung. Lassen Sie diese Antenne weiterhin auf die höheren Ebenen des Universums gerichtet, und Sie werden so fest stehen wie ein Fels, während alle Strömungen an Ihnen vorübergleiten.

Es ist nur eine Illusion, daß Sie nicht besitzen, was Sie sich wünschen.

Glauben Sie an das, was Sie sehen, so glauben Sie an die Schöpfungen der Vergangenheit. Alles, was jetzt in Ihrem Leben vorhanden ist, haben Sie in der Vergangenheit geschaffen. Alles, was Sie von jetzt ab haben werden, wird in diesem Augenblick geschaffen, und es kann *anders* sein. Sie brauchen nicht genau zu wissen, was Sie morgen oder übermorgen tun werden. Sie können einen Anfang machen, indem Sie *glauben,* daß Sie ein konkretes Ziel haben und darum bitten, daß es sich vor Ihnen entfalten möge. Wenn Sie daran glauben und so handeln, als wüßten Sie, was Sie aus Ihrem Leben machen sollen, wird es Ihnen auch klar werden. Morgen beim Aufstehen geben Sie vor, am Ruder *Ihres* Schiffes zu stehen und diesen einen Tag lang das Schiff dorthin zu lenken, wohin *Sie* es haben wollen. Sie werden sich die Zeit nehmen, die Sie brauchen, mit den Leuten zusammensein, die Sie treffen wollen, «nein» sagen, wenn Sie nein sagen wollen, und «ja» sagen, wenn Sie ja sagen wollen. Sie werden sich Stunde für Stunde überprüfen, um festzustellen, ob Sie die Freude, den Frieden oder was Sie auch vorgesehen haben, tatsächlich empfinden.

Manche reden davon, Ihr Lebensziel sei es, anderen zu dienen und Ihnen zu helfen. Das kann ein sehr gutes und wahres Lebensziel sein, wenn das Selbst zentriert ist und Sie darauf achten, daß Ihr eigenes Leben wunschgemäß verläuft. Indem Sie sich um *sich selbst* kümmern und in einer Umgebung leben, die in Ihnen das Gefühl des Friedens und der Gelassenheit, der Schönheit und Harmonie stärkt, sind Sie viel eher in der Lage, anderen zu helfen, als wenn Sie sich nur darauf konzentrieren, andere glücklich zu machen anstatt sich selbst. Wenn jeder Mensch aus seiner Harmonie und Schönheit, aus seinem Höheren Selbst heraus handelte, würde Ihre Gesellschaft völlig anders aussehen. Betrachten Sie jetzt einmal all Ihre Chancen und Wahlmöglichkeiten. Beschließen Sie, daß Sie von heute an die Welt erschaffen werden, die Sie wollen. Wenden Sie sich nach innen und fühlen Sie dieses Kraftzentrum, jenen Teil von Ihnen, der immer schon die Dinge hervorbringen konnte, die Sie sich gewünscht haben, und spüren Sie, wie er stärker wird. Das größte Geschenk, das Sie jemandem machen können, besteht darin, das *eigene* Leben harmonisch zu leben.

Den Veränderungen oder Übergangsphasen im Leben geht oft Verwirrung, ein Gefühl des Verlustes, Schmerz oder der Eindruck voraus, alles löse sich auf. Das hat seine Ursache darin, daß man in Ihrer Gesellschaft kaum dazu erzogen wird, sich loszulösen und nicht länger an Formen verhaftet zu sein, die überholt sind. Die kollektive Gedankenform des Mangels erschwert das Loslassen noch, weil man denkt, es werde keinen besseren Ersatz für das Verlorene geben. Wenn Sie sich auf das konzentrieren, was Sie wollen, und anerkennen, daß alles Jetzige eine Schöpfung der Vergangenheit ist, die *leicht* verändert werden kann, kann Ihre Zukunft so aussehen, wie Sie es möchten.

Erfüllen Sie Ihre Gedanken mit dem,
was Sie hervorbringen möchten,
und Sie werden es erhalten.

Vom Denken an das Neue bis zu seiner tatsächlichen Verwirklichung gibt es öfter Verzögerungen. Das verwirrt viele

Menschen und hält sie davon ab, weiterhin an das Neue zu denken. Gedanken sind real und gehen nach außen, um das Gedachte hervorzubringen. Zudem existieren sie in Raum und Zeit. So kann es durchaus sein, daß Sie von Gedanken aus der Vergangenheit immer noch beeinträchtigt werden, obwohl Sie Ihre Denkweise jetzt verändert haben. In zwei oder drei Monaten werden aber die neuen Gedanken mehr Schwungkraft entwickelt und entsprechende äußere Formen geschaffen haben.

Würdigen Sie sich selbst als einzigartiges Wesen. Sind Sie mit anderen Menschen zusammen, vergleichen Sie Ihren Weg nicht mit dem der anderen. Oft vergleichen Sie, was andere aus Ihrem Leben machen, mit dem, was Sie tun und fühlen sich dann besser oder schlechter als sie. Wenden Sie sich lieber nach innen, sehen Sie sich Ihren höchstmöglichen Weg an und vergleichen Sie Ihr Leben damit. In der Zeitung lesen Sie viele Geschichten über Dinge, die anderen zugestoßen sind und denken dann vielleicht: «Das könnte mir auch passieren.» Sie denken aber nicht die Gedanken der anderen, Sie *sind* nicht sie. Was den anderen auch widerfahren mag, es geschieht aufgrund dessen, wer sie sind. Lassen Sie die Geschichten über andere Leute nicht in sich hinein, verinnerlichen Sie sie nicht, sondern fragen Sie sich: «Wie kann ich mir selbst treu sein? Wie sieht *meine* Wahrheit aus?» Jeder einzelne hat einen anderen Weg und stellt einen einzigartigen Ausdruck der Lebenskraft dar.

Das Lebensziel
ist jeder beliebige Weg,
für den Sie sich entscheiden,
denn alles geschieht aus
freiem Willen.

Sie haben bestimmte Bedingungen geschaffen, damit Sie ein bestimmtes Streben entwickeln. Sie können das Gewünschte erhalten, wenn Sie bereit sind, Ihre Vision zu bewahren und ständig an sich selbst zu glauben. Je beständiger Sie in Ihrem Glauben an sich selbst sind, um so besser die Ergebnisse. Es wäre leichter, wenn es keine Rückschläge (das ist Ihre Interpretation) oder Prüfungen auf dem Wege gäbe. Lernen Sie jeden einzelnen Rückschlag, jede Herausforderung oder Schwierigkeit zu schätzen, denn das bestärkt Sie in Ihrem Ziel. Es gibt Ihnen Gelegenheit, sich Ihrer Vision noch stärker zu verschreiben und eine noch klarere Absicht zu formulieren. Wenn das Leben zu leicht oder zu einfach wäre, würden sich die meisten von Ihnen über Langeweile beklagen. Würdigen Sie Ihre Herausforderungen, denn die Bereiche, die Sie als dunkel einordnen, sind in Wirklichkeit da, um Ihnen mehr Licht zu bringen, Sie zu stärken, Ihre Entschlossenheit zu festigen und das Beste in Ihnen hervorzubringen.

Das Lebensziel erkennen – welche Aufgabe haben Sie hier zu erfüllen?

Übungsbogen

1) Schließen Sie die Augen und lassen Sie ein Bild, Symbol oder eine Vorstellung dessen in Ihrem Geist aufsteigen, was Ihr Lebensziel hier auf Erden darstellt.

2) Bringen Sie das Symbol in Ihr Herz. Bitten Sie die höheren Kräfte des Universums, ihm mehr Licht und Leben einzuhauchen. Zeichnen Sie das Symbol hier auf.

3) Stellen Sie sich vor, wie sich das Symbol in seiner Farbe, Struktur und Größe verändert und lassen Sie es durch seine Weisheit zu Ihnen sprechen und Ihnen zeigen, wie es verwirklicht werden kann, um auch der Menschheit zu dienen.

Nachwort

Grüße von Orin! Nun, wo Ihr Geist aufgestiegen ist und sich mit mir in «Sich dem Leben öffnen» verbunden hat, lade ich Sie ein, die Welt der Sie umgebenden, unsichtbaren Energien zu erforschen. Im nächsten Buch *Wege zu persönlicher Kraft im Hier-und-Jetzt* (erscheint im Ansata-Verlag) werden wir an Ihrer inneren Welt arbeiten, Ihre intuitiven und telepathischen Fähigkeiten erforschen, Ihre Gabe zu heilen, Schmerz aufzulösen, bedingungslose Liebe zu erfahren und die Energien in anderen zu fühlen. Diese Bücher sind als Kursus zur spirituellen Weiterentwicklung gedacht. Sie, der Sie sich auf einem Weg zu höherem Bewußtsein und persönlicher Transformation befinden, besitzen viele Fähigkeiten, die eben erst erwachen. Es gibt wesentlich mehr als das, was Sie mit den fünf Sinnen wahrnehmen können. Sie können durch Ihr inneres Sehen mehr über das Universum erfahren. Sie können sich die unsichtbaren Energien des Universums bewußt machen und den Umgang mit ihnen lernen, damit sie Ihnen helfen, das Leben zu leben, wie Sie es sich wünschen.

Sie brauchen sich nicht von der schlechten Laune, vom

Zorn oder der Negativität anderer beeinträchtigen zu lassen. Sie können lernen, negative Energie zu heilen, anderen zu helfen, ein höheres Bewußtsein zu erreichen, Ihre persönlichen Beziehungen verändern und entdecken, wie man sich die höheren Energien des Universums erschließt. Sie haben die Möglichkeit, sich Ihre eigene Energie bewußt zu machen, Angst aufzulösen, trotz der Negativität anderer zentriert und positiv zu bleiben, das Bild zu schaffen, wie Sie gesehen werden möchten, Ihre innerste Wahrheit zu finden und Sie anderen mitzuteilen.

Indem Sie Ihre telepathischen Fähigkeiten erforschen, können Sie die Botschaften kontrollieren, die Sie aussenden, lernen, was zu tun ist, wenn andere Sie abweisen oder schwächen, und Sie können die nonverbalen Botschaften lenken und interpretieren, die Sie ständig empfangen. Sie können sich Ihrer inneren Führung bewußt werden und lernen, wie man Führung durch die Seele oder ein höheres Wesen erbittet. Wir werden Ihren Geist und den inneren Dialog genauer untersuchen, besprechen, wie Sie die Gedanken hervorbringen können, die Sie wollen, Ihre inneren Bilder weiterentwickeln, und wie Sie von den eher schmerzlichen Bereichen der dichteren Energien auf höhere Ebenen gelangen können, wo es mehr Freude, Frieden und Fülle gibt.

In dem Maße, wie Sie lernen, ein freudvolleres, bewußteres Leben zu führen, werden wir erforschen, was Weisheit ist, damit Sie erkennen, was real ist und was nicht, was Sie sind und was nicht. Dieser Kursus soll das Unbewußte bewußt machen. Sie werden verstehen, was Ihre Energie und die der anderen stärkt und was sie schwächt. Sowie Sie lernen, Ihre Energie zu kontrollieren, können Sie auch offener und verwundbarer werden, da Sie sich nicht mehr zu verteidigen oder zu schützen brauchen.

Sie können sich selbst der beste Freund und Lehrer sein.

Sie tragen alles in sich, was Sie benötigen, um Ihre eigenen Antworten zu finden. Ich biete Ihnen all das als Führer auf Ihrem Weg an, als Beitrag zu Ihrem Streben, in den höheren Welten zu wandeln.

In Frieden und Liebe

Orin

Die «Welt ist mehr» – als was der Mensch
mit seinen fünf Sinnen wahrnimmt

Sanaya Roman
SICH DEN HÖHEREN ENERGIEN ÖFFNEN
Die unsichtbaren Kräfte des Universums nutzen
Mit praktischen Übungsanleitungen
240 Seiten, Paperback, mit vielen Übungsbogen
ISBN 3-7157-0113-7

Dies ist der bereits von vielen begeisterten Lesern erwartete Anschlußband einer bis jetzt beispiellos neuen, geistigen Lebensschulung von Orin, einem Lehrer aus der höheren Welt. Er steht mit unzähligen Realitäts- und Zeitebenen in Verbindung. Überall, wo er seine Lehre aus dem Reiche des Lichts und der Liebe verkündet, wird das evolutionäre Wachstum im spirituellen Sinne beschleunigt.

Orin vermittelte im ersten Band «Sich dem Leben öffnen» eine neue und wesentlich erweiterte Sicht des Lebens und der Aufgabe auf diesem Planeten. In diesem zweiten Band wendet er sich höheren Lebensbereichen zu. Er lädt die Studierenden ein zur praktischen Erforschung und Nutzbarmachung der Welt der Energien und der energetischen Wahrnehmung. Er eröffnet ihnen eine neue Welt von bisher unbekannten Fähigkeiten und läßt sie erfahren, daß die «Welt» mehr ist, als was der Mensch mit seinen fünf Sinnen wahrnimmt.

Orin lehrt und leitet anschaulich an, wie man feinstoffliche Kräfte erspürt und wie man mit ihnen zum Segen von Mensch und Umwelt arbeitet, wie man seine intuitiven und telepathischen Fähigkeiten erweckt und wie man seine Heilbegabung fördern kann. Hinzu kommen noch unbekannte Übungen für die spirituelle Weiterentwicklung und zur Erlangung eines höheren Bewußtseins.

Orins Buch wird für jeden Suchenden zu einem unentbehrlichen und freundschaftlichen Lebensbegleiter. Es verhilft ihm zu einem Alltag voll Freude, Kreativität und innerer Erfüllung. Er wird sich der hohen geistigen Führung durch Orin immer mehr bewußt und spürt immer mehr, daß er alles schon in sich trägt, um seine eigenen Antworten zu finden.

Herbert H. G. Engel
DER SPHÄRENWANDERER
Reisen, Begegnungen und Offenbarungen in anderen Dimensionen
256 Seiten, mit 3 Zeichnungen, Studienausgabe broschiert
ISBN 3-7157-0047-5

Dies ist der wahre Lebensbericht eines Suchers nach Weltenerkenntnis. Er wurde vom Verfasser ursprünglich als ein spirituelles Testament für seine Kinder und Enkel geschrieben. Herbert Engel beschreibt im 1. Teil des Buches seine Erfahrungen und Erlebnisse während seiner Jenseitswanderungen. Die anschaulichen Schilderungen der Reisen und der dabei gefühlten tiefen Empfindungen gehen dem Leser sehr nahe.

Kurz nach Ende des 2. Weltkrieges wurde Engel als einem einsam heimkehrenden Soldaten – weitab von den Trümmerstätten von 1945 – die große Vision zuteil. Seine quälenden Fragen nach Erden- und Menschenschicksal wurden mit einem Schlag beantwortet. In der Folge konnte Herbert Engel wunderbare und hochinteressante Erkenntnisse sammeln über das Leben jenseits des Todes.

Er wurde meist zu nachtschlafender Zeit bei vollem und klaren Bewußtsein aus seinem Körper geholt. Von erhabenen Botschaftern aus höheren Welten wurde er durch alle Schattierungen jenseitiger Sphären geleitet, erhielt Belehrungen und begegnete dabei unzähligen bekannten und unbekannten Jenseitsbewohnern. Dort erfuhr er alles über das neue Leben der Abgeschiedenen: ihre unermüdliche Arbeit zur geistigen Vervollkommnung, ihren Aufstieg in die höheren Welten der Reinigung und Vorbereitung, sowie ihre spätere Reinkarnation in unsere Erdenwelt.

Engels lebensnahe Schilderungen der Jenseitsbereiche und ihrer Bewohner, die unglaublich präzis beschriebenen Landschaften, sowie die meist überraschenden Wendungen im Astralgeschehen machen seinen oft erschütternden Bericht zu einem großen Vermächtnis echten Wissens.

Im zweiten Teil des Buches bringt Engel Aufzeichnungen von bisher ungeahnten Offenbarungen und Belehrungen, die er bei seinen Wanderungen durch die Jenseitswelten von seinen Geistführern erhielt. Zwei Führer aus den universellen Sphären des Lichtes und der Liebe lassen ihn – und damit auch uns! – an den großen Geheimnissen des kosmischen Wirkens teilhaben.